ÉTUDE

SUR LA

LÉGISLATION DES HÉBREUX

PAR

Alphonse LAGARDE,

AVOCAT, JUGE DE PAIX.

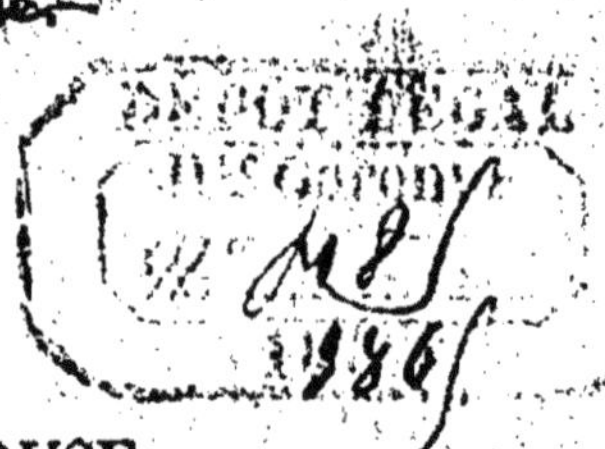

TOULOUSE,

SOCIÉTÉ DES LIVRES RELIGIEUX,

Dépôt : rue des Balances, 35, hôtel Sans.

1865.

ÉTUDE

SUR LA

LÉGISLATION DES HÉBREUX.

PUBLIÉ PAR LA SOCIÉTÉ DES LIVRES RELIGIEUX
DE TOULOUSE.

TOULOUSE, IMPRIMERIE DE A. CHAUVIN, RUE MIREPOIX, 3.

ÉTUDE

SUR LA

LÉGISLATION DES HÉBREUX

PAR

Alphonse LAGARDE,

AVOCAT, JUGE DE PAIX.

TOULOUSE,

SOCIÉTÉ DES LIVRES RELIGIEUX.

Dépôt : rue des Balances, 35, hôtel Sans.

1865

AVANT-PROPOS.

Les longs ouvrages me font peur, a dit le bon Lafontaine. L'étude des lois de Moïse aurait fourni la matière d'un *long ouvrage*, et nous n'offrons au public qu'une faible ébauche qui ne sera sans doute signalée que par ses lacunes et ses nombreux défauts. Quelques-uns y trouveront trop de détails ; d'autres, au contraire, nous reprocheront d'avoir légèrement traité un aussi important sujet.

« Entre ces deux excès la route est difficile. »

Si le plan que nous nous sommes tracé pouvait attirer l'attention d'hommes plus autorisés que nous et les engager à reprendre cette étude, nous accueillerions avec reconnaissance leur critique, nous saurions respecter ce que nos maîtres ont toujours respecté : *reprehensionem doctorum atque prudentium*, tout en nous félicitant d'avoir indiqué une mine abondante, jusqu'ici trop négligée.

« O Eternel ! j'ai vu un bout dans toutes les » choses les plus parfaites, mais ton commandement est d'une très-grande étendue » (Ps. CXIX).

PREMIÈRE PARTIE.

ÉTUDE

SUR LA

LÉGISLATION DES HÉBREUX.

PREMIÈRE PARTIE.

I.

ORIGINE DES LOIS.

Tous les peuples de l'antiquité ont fait remonter l'origine des lois à une intelligence plus élevée que celle de l'homme. Le plus illustre des orateurs romains attribue l'origine des lois à la Divinité. Cette opinion s'est maintenue jusqu'à nos jours. Domat, le célèbre auteur des *lois civiles*, celui dont le chancelier d'Aguesseau a dit que *personne n'a mieux approfondi le véritable principe de la législation*, Domat trouve toujours Dieu à la base des grandes institutions sociales. Le savant Toullier, qui a été, à juste titre, appelé *le Pothier moderne*, rapporte à Dieu les prescriptions d'où sont dérivées les lois: « C'est, » dit-il, un de ces dogmes dont l'importance a » été sentie par tous les législateurs tant anciens » que modernes, et par tous les vrais philoso- » phes. »

Le Dieu créateur de l'univers, qui a posé les lois fondamentales qui régissent la matière, a aussi — tous les jurisconsultes instruits et profonds le reconnaissent — posé les principes constitutifs de toute société humaine. Mais comment Dieu s'est-il fait connaître à l'homme? Comment lui a-t-il révélé ces principes fondamentaux de toute législation? Est-ce par une sorte d'intuition, au moyen de cette raison et de cette conscience dont il l'a doué? Est-ce au moyen d'une révélation directe et positive?

En dehors de la Bible, les monuments manquent absolument pour déterminer l'origine des lois. Si l'on veut consulter les historiens profanes, on ne trouve, avant la réunion des Israélites en corps de nation, que nuages, qu'incertitude. La guerre, la chasse, la satisfaction des premiers désirs de la nature humaine, un culte grossier déifiant la matière et les animaux à cause de l'utilité que l'homme en retire, voilà tout ce qui semble occuper les premières sociétés.

Les lois des Egyptiens sont très-peu connues. On comprend, dans une certaine mesure, ces paroles de découragement échappées à un historien, à la suite de longues et infructueuses études sur les mœurs et les lois des Egyptiens : « Comment le publiciste ne jette-t-il pas aux » flammes l'écrit où il expose des conjectures » sur un peuple dont l'origine et les révolutions » ne peuvent être fixées même par les monu- » ments qu'il a élevés ! »

La Bible dit que Dieu se fit entendre lui-même à Moïse, qu'il lui dicta les lois destinées à régir le peuple élu, que le fondement de ces lois, les principes premiers de la législation hébraïque furent tracés sur des tables de marbre, au sommet du Sinaï. Ces lois existent : leur respectable antiquité n'est plus aujourd'hui contestée. Où Moïse aurait-il donc puisé ces prescriptions dont nous aurons à faire remarquer l'admirable sagesse ? S'il ne les a pas reçues de Celui qui est la sagesse éternelle, il est encore plus difficile de croire qu'il ait, à cette époque d'ignorance et de préjugés de toutes sortes, composé, tout d'une pièce, un corps de lois si beau, si parfait, si peu en harmonie avec les idées grossières que l'homme se faisait de Dieu, de la justice, de ses devoirs envers son semblable, même dans des âges moins reculés que les temps de Moïse.

Pour ôter à la Bible son cachet divin, on a dit que Moïse avait emprunté aux Egyptiens les institutions dont il dota son peuple. Cette thèse s'appuie principalement sur ce qu'il est dit dans la Bible que *Moïse était instruit dans la science des Egyptiens.* Et d'abord est-il bien logique et de bonne discussion d'invoquer le témoignage de la Bible pour le repousser ensuite lorsqu'il déclare que Moïse reçut de Dieu lui-même les lois du peuple d'Israël ? Ce système commode s'est étrangement vulgarisé de nos jours ; mais, parce qu'il est employé par beaucoup d'adversaires de la divinité des Livres saints, gardons-nous d'en conclure qu'il soit acceptable.

Si le législateur des Hébreux avait puisé dans les lois égyptiennes les prescriptions qu'il a données à son peuple, on devrait constater des analogies. Sur quels monuments, sur quels livres des Egyptiens trouve-t-on quelque chose qui ressemble aux principes fondamentaux des lois de Moïse ? N'est-il pas, au contraire, très-facile de constater des différences radicales entre ce que nous connaissons des institutions de l'Egypte et des institutions des Hébreux ?

Ce que l'on sait des lois égyptiennes, c'est qu'elles faisaient incessamment appel à l'orgueil humain. Les rois eux-mêmes étaient placés sous l'empire de ce mobile. Etre privé ou être honoré d'une glorieuse sépulture était la punition ou la récompense réservée à tous. — Les lois mosaïques mettent sans cesse l'homme en présence de sa conscience et d'un Dieu unique, sans emprunter jamais aucun élément humain.

Les prêtres égyptiens étaient investis d'une imposante autorité. Pour augmenter leur influence, la loi leur accordait de grands biens; ils possédaient, à eux seuls, le tiers des terres. — Les sacrificateurs et les lévites d'Israël devaient s'occuper exclusivement de la célébration des cérémonies du culte. Ils ne devaient intervenir dans les rapports des Israélites entre eux que dans des cas exceptionnels, lorsque survenaient des contestations très-difficiles; ils étaient appelés alors à aider le juge dans l'appréciation des points de fait. Ils ne devaient avoir aucune part dans les biens distribués au peuple hébreu.

En Egypte, des lois sensuelles s'adressaient aux instincts grossiers de l'homme naturel, imposant à son adoration des figures et des animaux. — Dans les institutions du peuple hébreu, toute souillure est un crime horrible, l'idolâtrie est sévèrement condamnée ; Dieu seul, un Dieu unique, personnel, *Celui qui est*, doit être adoré.

Chez les Egyptiens, si nous en croyons le savant auteur de l'*Esprit des Lois*, les femmes étaient maîtresses dans la maison, ce qui paraît à Montesquieu une institution contre la raison et contre la nature. La loi de Moïse, tout en laissant à la femme la place que lui avaient faite les mœurs patriarcales, instituait, comme chef de la maison, le père de famille.

Si l'on en excepte quelques règles de peu d'importance se rapportant aux détails journaliers de la vie matérielle, quelques prescriptions sur l'hygiène, tout cela se rattachant à des habitudes contractées en Egypte et qui pouvaient parfaitement convenir au peuple hébreu dans son long voyage vers la terre de Canaan, aucune des principales institutions de l'Egypte n'a trouvé place dans la loi mosaïque.

On chercherait vainement ailleurs des analogies. La loi de Moïse restera toujours une œuvre sans précédent ; plus elle sera étudiée, plus elle remplira d'admiration et de respect ceux qui en rechercheront les grandes lignes et les riches détails.

« La loi par laquelle ce peuple est gouverné, » dit Pascal, en parlant du peuple d'Israël, est

» tout ensemble la plus ancienne loi du monde, » la plus parfaite et la seule qui ait toujours » été gardée sans interruption dans un Etat. » C'est ce que Philon, juif, montre en divers » lieux, et Josèphe admirablement, contre Ap- » pion, où il fait voir qu'elle est si ancienne que » le nom même de *loi* n'a été connu des plus » anciens que plus de mille ans après; en sorte » qu'Homère, qui a parlé de tant de peuples, » ne s'en est jamais servi. »

« Je ne trouve aucun sujet de douter de la » vérité du livre qui contient toutes ces choses, » dit encore Pascal, car il y a bien de la diffé- » rence entre un livre que fait un particulier et » qu'il jette parmi le peuple, et un livre qui » fait lui-même un peuple. »

Cette dernière observation est frappante de vérité. La loi de Moïse a fait le peuple d'Israël; il s'est tellement identifié avec elle qu'il a toujours gardé avec amour, dans sa mauvaise comme dans sa bonne fortune, dans ses jours d'affreux revers comme dans ses jours de gloire, les livres de la loi. Les Egyptiens, même à l'époque où écrivait Tacite, nous sont représentés comme un peuple changeant et superstitieux, ne respectant ni magistrats, ni lois, *superstitione ac lasciviâ discordem et mobilem, insciam legum, ignaram magistratuum.*

Où l'Israélite avait-il donc puisé ce respect pour la loi? Ce n'est pas que le législateur eût cherché à flatter son peuple. Les livres de la loi rappelaient, à chaque page, à l'Israélite, son ingratitude; ils lui prédisaient sa dispersion au milieu des Gentils; ils lui annonçaient l'événement qui devait le plus irriter la nation élue: c'est que Dieu, à cause de l'incrédulité d'Israël, *appellera son peuple celui qui n'était point son peuple.* Ce grand amour d'Israël pour sa loi, cette fidélité à la conserver, à la remettre en honneur toutes les fois qu'il échappe à la persécution, toutes les fois qu'il revient de l'exil, ont, il faut le reconnaître, quelque chose de surnaturel qui n'a pas d'exemple dans l'histoire du monde. *Il y a là le doigt de Dieu.*

II.

IDÉES GÉNÉRALES SUR LA TRANSMISSION DES LOIS MOSAÏQUES AUX PEUPLES DE L'ANTIQUITÉ. PLAN DE CETTE ÉTUDE.

Dépositaire d'un code de loi précieux, la nation juive l'a communiqué, malgré elle, malgré sa sainte jalousie, par la force des événements auxquels elle a pris part, à divers peuples de l'antiquité.

Faisons nos réserves d'abord. Nous ne voulons pas dire que toutes les lois anciennes dérivent nécessairement de la loi mosaïque : cette opinion serait insoutenable. Les rapports qui s'établissent entre les sociétés ou entre les individus varient essentiellement suivant le caractère, le climat et une foule de circonstances dont il faut tenir compte. Ce qui convenait aux Israélites pouvait et devait ne pas convenir, en tout, aux autres peuples. En pareille matière, il ne faut pas se créer d'avance un système auquel on ramène forcément toutes ses recherches. Nous nous rappellerons, dans cette étude, ces mots de l'un de nos littérateurs et de nos philosophes chrétiens les plus distingués : « Rien n'est terrible comme un système : il » trouble la vue et passe gaiement au-dessus » des faits. C'est un merveilleux magicien et le » plus grand créateur de chimères qui soit au » monde. » Nous voulons examiner avec attention, coordonner, rapprocher les diverses dispositions qui peuvent présenter des analogies. La parenté doit ressortir d'elle-même d'un pareil travail quand il est fait consciencieusement.

Les Israélites, tantôt vainqueurs, tantôt vaincus et emmenés en captivité, puis rétablis dans le pays de leurs pères, eurent occasion de faire connaître leurs lois et leurs traditions.

Dix siècles se placent entre Moïse ou la loi écrite, et la rédaction des Douze Tables de la loi romaine, et, dans ces mille années, que de luttes, que d'événements mettent les Hébreux en communication avec d'autres peuples !

A l'époque de la fondation de Rome, les rois d'Assyrie connaissaient déjà le chemin de la terre sainte. Babylone menaçait de devenir maîtresse de toute la terre. Les Juifs, dispersés parmi les peuples païens, erraient de lieu en lieu, emportant avec eux, comme le plus précieux souvenir de la patrie, leurs lois et leurs traditions.

Daniel et ses illustres compagnons étonnent, par leur sagesse et leur haute intelligence, le roi de Babylone.

Les puissants monarques de l'Orient étendaient au loin leur domination. De toutes les parties du monde alors connu, les philosophes et les sages se recommandaient à eux et recherchaient leur protection. N'est-il pas permis de croire que les vertus austères et la science des jeunes Israélites, qui eurent bientôt gagné l'affection de ceux qui les tenaient en captivité, firent aussi l'admiration des sages et des philosophes du paganisme?

Nous voyons, l'an 281 de Rome, ce même Artaxercès Longue-Main qui permit aux Israélites de rebâtir Jérusalem, entrer en relation avec le Grec Thémistocle. Artaxercès avait étudié les lois de Moïse et en avait apprécié les sages dispositions lorsqu'il commanda au sacrificateur Esdras *d'ordonner des magistrats et des juges selon la sagesse de son Dieu, pour qu'ils fissent justice à tous ceux qui connaissent les lois de Dieu et pour qu'on les enseignât à celui qui ne les savait pas.*

« Soit que les colonies juives eussent été » conduites, en vertu des lois de la guerre, dans » les Etats des conquérants de la Palestine, » dit M. le docteur Karl Hase dans son *histoire de l'Eglise* (traduction de M. A. Flobert), « ou que » bon nombre de Juifs se fussent expatriés pour » les besoins du commerce, à l'époque de Jé» sus, des corporations juives, ayant des des» tinées très-diverses, étaient dispersées par » tout l'empire romain. Avec l'esprit subtil et » l'infatigable activité de leur peuple, elles » avaient acquis, par le commerce, la richesse, » et, par la richesse, l'indépendance et des pri» viléges. *Elles vivaient selon les lois de leurs pè*» *res* et vénéraient dans la hiérarchie de Jérusa» lem leur suprême autorité. »

Les fêtes de Jérusalem attiraient les étrangers de toutes nations. Toutes les grandes idées qui se rattachaient au monothéisme, toutes les découvertes que les philosophes de la Grèce communiquaient au monde intelligent avaient cours dans la capitale de la Judée et se discutaient publiquement au milieu de ces assemblées de *gens de toutes nations qui soient sous le soleil.*

Lorsque, renonçant à tous les avantages que lui assurait sa naissance, Lycurgue quitta sa patrie et entreprit de longs voyages pour rapporter à Sparte les lois des nations civilisées, il visita l'Egypte, où les Israélites avaient laissé des traditions, l'Ile de Crète, où, suivant Terrasson (*Histoire de la Jurisprudence romaine*), « *les gouverneurs du peuple avaient » institué des lois empruntées, en partie, aux Hébreux.* »

Zoroastre, dont les lois furent suivies chez les Perses pendant plus de onze cents ans, était, de l'avis de plusieurs historiens, disciple de Daniel, *auprès duquel il s'instruisit parfaitement des lois judaïques.* (Voyez encore Terrasson, *Histoire de la Jurisprudence romaine*, page 14, édition de 1750.)

L'Egypte, plusieurs cités grecques, une partie considérable de l'Asie Mineure, connurent les usages et les lois des Hébreux et purent leur emprunter ce qui ne contrariait pas trop ouvertement les idées païennes, tout ce qui ne se rattachait pas trop directement aux idées monothéistes et au système théocratique du peuple juif. Les Israélites, au contraire, n'empruntèrent rien aux lois et aux usages des autres peuples. Ils gardent toujours leurs lois intactes ; on les voit rétablir leurs autels, renouer le fil de la tradition interrompue, dès qu'il leur est permis de rentrer dans leur patrie. Sur la terre étrangère même, les colonies juives vivaient suivant la loi de leurs pères. Elles forment aujourd'hui encore, partout où la chose leur est possible, une communauté à part. Il y a dans cet amour des Israélites pour leurs lois, poussé quelquefois jusqu'au fanatisme, une indication manifeste de la volonté de Dieu.

Lorsque le judaïsme se trouva sérieusement en contact avec Rome païenne, le vieux culte des idoles avait perdu toute influence morale. La religion païenne était insuffisante, les philosophes s'en moquaient ouvertement et les prêtres eux-mêmes ne pouvaient plus sérieusement célébrer le culte. A toutes les divinités que l'homme s'était imposées et dont il reconnaissait l'impuissance, le judaïsme opposait un Dieu unique, vivant, personnel, un Dieu qui a dit *que la terre soit!* et *la terre fut*. A la vieille mythologie pleine d'anecdotes et d'allusions, quelquefois fines et délicates, mais sans force morale, sans puissance régénératrice, le Juif opposait sa grande loi écrite, les sublimes enseignements du mosaïsme.

L'origine des lois romaines n'est plus sérieusement contestée. On s'accorde généralement à reconnaître que, vers l'an 300 de Rome, des députés furent envoyés dans les principales villes de la Grèce pour y recueillir les lois qui régissaient ces peuples. Dix magistrats, *decem viri*, reçurent la mission de colliger ces lois et de les rapporter à Rome.

Les principes fondamentaux de la législation mosaïque avaient été divisés en *dix* ordonnances ; ceux de la législation romaine furent rédigés en *dix* tables. Deux autres tables furent ajoutées plus tard, lorsque le pouvoir des décemvirs eut été prorogé.

Dans ce qui nous a été conservé des dix premières tables des lois romaines, comme dans les dix commandements de la loi des Hébreux, on trouve comme base des institutions sociales :

1° L'autorité paternelle et le respect dont cette autorité doit être entourée ;

2° La pureté des mœurs;

3° Le respect pour la personne et pour la propriété d'autrui;

4° La sincérité dans le témoignage.

Le respect et l'amour pour l'Eternel Dieu, commandés au peuple d'Israël par les dix commandements, ont, dans la loi des Douze Tables, leurs prescriptions correspondantes dans le respect et l'amour pour la patrie, amour et respect dont la violation doit entraîner les plus grandes peines.

Chez les Israélites, l'Etat, le gouvernement,

c'est Dieu ; dans la Grèce, à Rome, c'est cette puissance morale à laquelle le citoyen doit tout son dévouement, *la chose publique.*

Les Israélites devaient s'appliquer, dès leurs jeunes années, à l'étude de la loi de Dieu. « Tu » les inculqueras à tes enfants et tu en parleras » dans ta maison » (Deut., VI, 7). Les premiers législateurs de Rome prescrivirent ce commandement. Le savant Heinneccius, s'appuyant sur des auteurs anciens très-estimés, enseigne que l'étude de la loi des douze Tables fut longtemps ordonnée à la jeunesse de Rome : « pueris ediscendæ erant hæ tabulæ. »

Dirait-on que ce sont des emprunts faits par le législateur des Hébreux aux législations étrangères? L'histoire de Moïse et de son peuple repousse cette opinion, qui a d'ailleurs contre elle le sentiment de tous les savants. On interrogeait un docte rabbin sur le moment où il convenait d'enseigner aux enfants la sagesse grecque : « à l'heure qui n'est ni le jour ni la » nuit, répondit-il, parce qu'il est dit de la loi : » *tu l'étudieras jour et nuit.* »

Les dix commandements de la loi de Dieu étaient *le sommaire de toutes les lois du peuple d'Israël.* Les dix tables ou les douze tables furent considérées par les jurisconsultes romains comme le sommaire et la source du droit public et privé : « *hæ sunt illæ tabulæ fons universi,* » *publici, privatique juris.* »

Après l'introduction du christianisme dans l'empire romain et par suite de l'influence qu'exercèrent les évêques, les lois de Moïse furent souvent consultées. Les empêchements en matière de mariage, respectés par les Israélites furent reconnus par la loi romaine et étendus même jusqu'à la parenté spirituelle.

Emanant de Dieu même, les lois du peuple d'Israël devaient régler les rapports existant entre le peuple et son libérateur, entre le peuple hébreu et les nations voisines, enfin les rapports des Israélites entre eux.

L'Eternel Dieu était à la base de ces institutions. L'exhortation à suivre fidèlement les ordonnances de l'Eternel revient à chaque page des livres de Moïse ; et partout on trouve, mêlées aux prescriptions qui se rapportent aux devoirs sociaux, les règles et les ordonnances du service divin.

En s'appropriant quelques-unes des lois de Moïse, les peuples de l'antiquité, adonnés à l'idolâtrie, ont dû les dégager de tous les préceptes religieux qui forment la substance première, l'élément principal de la législation hébraïque. Selon Plutarque, les premières lois de Rome portèrent cependant quelque chose de ces prescriptions : notamment la défense de faire des images de la Divinité. Nous reviendrons sur cet intéressant sujet.

Il n'entre pas dans notre plan de parler des prescriptions cérémonielles commandées au peuple d'Israël. Les cérémonies consistaient principalement en des purifications et des sacrifices se rattachant à l'idée du péché. Des fêtes nombreuses étaient destinées à rappeler au peuple élu ses devoirs de reconnaissance envers l'Eternel.

Notre étude aura pour objet : le Décalogue ou les dix commandements, véritable charte du peuple d'Israël, base de toutes les lois mosaïques ; la conduite des Israélites à l'égard des nations voisines et des étrangers ; le droit civil et le droit pénal du peuple hébreu.

Le droit des gens résulte de l'histoire du peuple juif bien plus que de ses institutions écrites. Il est simple, parce que les rapports des Israélites comme nation, avec les autres peuples, loin d'être encouragés et déterminés, étaient prohibés par la loi.

Le droit civil se trouve mêlé et confondu, dans les lois de Moïse, avec les prescriptions relatives au culte. Pour rechercher ce droit, la méthode qui nous paraît la plus simple consiste à suivre, comme l'ont fait les lois de la Grèce, les lois romaines et les lois modernes, les différents rapports de l'homme avec ses semblables, les différentes phases de l'état de société : le mariage, le divorce, la puissance paternelle, la possession, les droits héréditaires, etc.

Les lois pénales chez les Hébreux se classent facilement en trois grandes divisions : 1° la faute sans intention; 2° le simple délit, appelé, dans notre droit pénal moderne, la contravention; 3° les crimes emportant une peine corporelle ou une peine grave.

On arrive ainsi à une sorte de codification qui permet de mieux apprécier, dans leur ensemble, les lois d'Israël, et de mieux saisir les rapports ou les différences qu'elles présentent avec les lois des autres peuples.

Si la littérature hébraïque a fourni à de grands poëtes leurs plus sublimes inspirations, si l'on retrouve dans les chefs-d'œuvre de notre littérature, les suaves mélodies de la harpe de David, pourquoi ce fond de grandeur morale, de justice, de dignité humaine, de compassion envers les déshérités de ce monde, qui se détache si sublime et si vrai des lois de Moïse, n'aurait-il pas exercé une grande influence sur la législation et les mœurs des principaux peuples qui ont passé sur la scène de la vie après le grand législateur des Hébreux?

III.

LE DÉCALOGUE OU LES DIX COMMANDEMENTS.

Le premier monument de législation bien ordonnée que nous trouvions dans l'histoire des anciens peuples, est, sans contredit, le Décalogue ou les dix Commandements. Son antiquité ne fait plus l'objet d'un doute, la grandeur et la sagesse de ses prescriptions ne se démontrent pas, il suffit de le lire. Un auteur non suspect d'exaltation religieuse, M. Proudhon, appelle le Décalogue la *Genèse admirable des phénomènes moraux, l'échelle des devoirs et des crimes, fondée sur une analyse savante et merveilleusement développée.*

Rapprochez de chaque loi du Décalogue les crimes et les délits, les vertus et les devoirs qui s'y rapportent, et vous serez forcé de vous écrier avec le même auteur : « Quel magnifique » symbole ! Cherchez dans tous les devoirs de » l'homme et du citoyen quelque chose qui ne » se ramène point à cela, vous ne le trouverez » pas. »

En lisant avec attention le Décalogue, on voit en effet se dérouler, sous ses préceptes clairs et concis, les éléments de la législation la plus complète. Tous les grands principes sont posés avec une sagesse, une grandeur et aussi, comme les œuvres de Dieu, avec une simplicité qui commandent l'admiration et le respect.

Moïse affirme qu'il a reçu cette loi de Dieu. La critique moderne qui tient essentiellement à ce que l'homme se doive tout à lui-même, conteste à Moïse cette affirmation et croit en démontrer la fausseté par une contradiction qu'elle trouve dans les déclarations de la Bible. Le livre de l'Exode dit, au chapitre XXIV, verset 12, que les Tables du Décalogue ont été écrites par Dieu ; et au chapitre XXXIV, verset 27, que Moïse a écrit les Tables de la Loi sous la dictée de l'Eternel. Voilà l'argument dans toute sa force, voilà ce qui prouve, on ne peut plus logiquement, que le Décalogue n'est pas l'œuvre de Dieu.

Cette contradiction existe-t-elle réellement ? Sera-t-on fondé à contester à un auteur la propriété de son œuvre parce qu'il aura dit quelque part qu'il l'a dictée ? Que le législateur dise qu'il a écrit telle loi ou qu'il l'a dictée, n'est-ce pas toujours à lui qu'en reviendra le mérite ? Qui pourrait donc voir sérieusement une contradiction dans des expressions qui disent, au fond, la même chose? Dans toutes les langues, le mot *écriture* signifie très-souvent la composition même. Les critiques modernes qui soutiennent que les livres de la Bible ont été composés, revus et corrigés à diverses époques, doivent supposer bien peu d'intelligence aux correcteurs si, dans la même partie du livre, ils ont laissé passer une contradiction qu'il était si facile de faire disparaître. Sur un point aussi essentiel, ils auraient employé les mêmes expressions s'ils n'avaient pas vu, comme nous voyons nous-même, sous ces deux manières de s'exprimer, un même sens, un même fait. Cette considération prend encore plus d'importance si l'on veut bien remarquer que, dans le verset 27 du chapitre XXXIV, l'Eternel dit à Moïse : « Ecris ces paroles. » Et dans le *verset suivant :* « L'Eternel écrivit sur les Tables les paroles de l'Alliance, c'est-à-dire les dix paroles. »

L'auteur de l'Exode aurait-il contredit, au verset 28 ce qu'il venait de dire au verset 27?

Evidemment, ces deux versets expriment le même fait, la même pensée, l'institution de la Loi par Dieu lui-même.

Ce n'est pas que nous voulions rabaisser le mérite de la critique. Nous nous empressons de reconnaître qu'elle a rendu de grands services à la foi religieuse aussi bien qu'à la science. Ses investigations ont dégagé plusieurs points de doctrine d'une foule d'arguments qui, auparavant, dans le siècle précédent et au commencement du nôtre, avaient cours jusque parmi les savants. Nous devons lui savoir gré de ces travaux, même quand, dominée par des préoccupations qui tiennent souvent à la direction donnée à l'intelligence dans les études premières, à la prépondérance qu'on laisse prendre à la raison sur toutes les autres facultés dont le Créateur nous a honorés, elle ne sait pas voir Dieu au milieu des insondables difficultés que présente la métaphysique, comme il faut nécessairement le voir à travers les mystères qu'on rencontre, à chaque pas, dans l'étude des phénomènes de la nature.

La critique moderne s'accorde cependant à reconnaître comme principe fondamental de la législation mosaïque, l'idée de Dieu formulée par Moïse d'une manière plus spiritualiste et plus complète qu'elle ne l'était dans les temps antérieurs à la loi écrite. Le législateur des Hébreux donne un nouveau nom au Créateur et ce nom emporte avec lui une sublime révélation. Le Dieu d'Abraham, d'Isaac et de Jacob, *Elohim*, est bien le même que celui de Moïse, *Jéhovah*, et par là le mosaïsme se rattache directement à l'ancien monothéisme hébraïque; mais *Elohim* désignait aussi souvent l'autorité, les rois, les princes. *Elohim* se montre lui-même dans les temps antérieurs à Moïse; il se montre à Adam, à Abraham, aux anciens patriarches, *Jehovah* ne se montre jamais à l'homme sous une forme sensible, *aucun homme ne peut voir la face de l'Eternel. Celui qui est* ne peut être représenté par aucun être qui naît et qui meurt, car il est l'existence même, aussi le nom de l'Eternel lui est-il exclusivement réservé.

Cette grande conception de la Divinité appartient au mosaïsme : c'est un pas immense vers le spiritualisme dont Jésus-Christ viendra plus tard poser les larges assises. *Jéhovah*, voilà le principe et la base de la législation mosaïque, comme du gouvernement politique du peuple d'Israël.

Un récent ouvrage de M. le professeur Michel Nicolas, remarquable autant par la franchise de la discussion que par les savantes recherches dont il donne les résultats, met en lumière ces traits caractéristiques de la législation de Moïse. Tout, en effet, dans cette législation, se rattache à l'Etre, *à Jéhovah, Jahveh,* le *Ens.* « La notion » de Dieu, dit M. Nicolas, dans son *Examen* » *critique de la Bible* (Ancien Testament, page » 145), la notion de Dieu exprimée dans le mot » *Jéhovah,* offre une originalité évidente ; elle se » produit, pour ainsi dire, d'un seul coup, » armée de toutes pièces, et au même moment » suivie de toutes les conséquences qu'elle » comporte. Quand elle se présente pour la » première fois dans la famille d'Israël, elle est » déjà la base solide d'une législation qui s'ap- » puie tout entière sur elle. »

On a voulu trouver dans les lois ou dans les religions de l'Egypte et de la Phénicie cette belle définition de l'Etre éternel qui est, en réalité, la base du Décalogue comme de toute la loi mosaïque : « *Je suis Celui qui suis.* » Dans un temple de Saïs, ville de la basse Egypte, existait, disent quelques auteurs, une inscription ainsi conçue : « *Je suis ce qui a été, ce qui est et ce qui sera. Nul mortel n'a levé jusqu'ici le voile qui me couvre.* » Rien n'est plus contestable que cette prétendue découverte. Platon, qui connaissait bien l'Egypte et les Egyptiens, n'en dit rien ; il est certes loin de supposer à ce peuple un spiritualisme aussi élevé, car il ne lui croit d'aptitude que pour les intérêts de la vie matérielle. Plutarque est le premier qui parle de cette inscription; Proclus en parle ensuite, mais, comme le fait remarquer M. Nicolas, dans une savante discussion pleine d'intérêt, de Plutarque à Proclus l'inscription a changé de place et a varié dans les termes. Proclus y ajoute ces mots : « Le fruit que j'ai enfanté a été le soleil. » Cette phrase, dit le savant professeur de Montauban, est telle qu'aurait pu le désirer le néoplatonisme dans l'intérêt de ses théories sur la mythologie.

D'après Plutarque, l'inscription était gravée sur le frontispice du temple; Proclus affirme qu'elle était dans l'intérieur de l'édifice et qu'elle formait l'un des ornements du sanctuaire.

On peut varier sur des interprétations, mais quand il s'agit d'un fait et qu'il est rapporté de deux manières si différentes, il est prudent de ne pas y ajouter grande confiance.

Ce qui nous a été conservé des monuments et des traditions des Egyptiens ne nous permet pas de supposer à ce peuple une tendance spiritualiste. Tout, au contraire, chez eux, se rapporte aux intérêts matériels. Platon ne vante pas les Egyptiens sous le rapport de leur intelligence et de leur savoir, et il nous paraît bon juge en cette matière.

Les Hébreux ont eu de fréquents rapports avec les Phéniciens, mais faudrait-il en conclure qu'ils ont emprunté à la Phénicie l'idée de l'Etre éternel, de Jéhovah ? Les Phéniciens représentaient la Divinité sous diverses formes ; les Israélites, attachés à la loi de Moïse, ne pouvaient représenter Dieu sous une forme quelconque.

« Le mot *Jahveh*, dit M. Nicolas, parait d'ailleurs inconnu à la langue phénicienne ; on ne l'a trouvé sur aucun monument. Les noms phéniciens des dieux rappellent, comme ceux de l'élohisme, la force, la puissance, l'élévation de la Divinité ; ils ne dérivent pas de l'idée de son existence nécessaire. »

En Egypte, en Phénicie, en Grèce, partout, l'idée de la Divinité différait essentiellement de la conception mosaïque de Jéhovah : *Celui qui est.*

Plusieurs peuples de l'antiquité attribuaient à la Divinité des passions grossières qui plaçaient les dieux au-dessous du niveau moral du peuple. Quelle influence ces idées pouvaient-elles avoir sur les lois ?

Le Décalogue reste donc une œuvre à part, une œuvre grande et magnifique, un sommaire admirable d'où sortiront, à mesure que le peuple d'Israël se développera, des lois pleines de douceur, d'humanité, des lois telles qu'on chercherait en vain, parmi les autres peuples d'une antiquité reculée, un code aussi parfait.

La critique moderne accepte, en général, cette affirmation. Comme science positive, elle ne va pas plus loin, et il est évident qu'on ne peut pas l'exiger d'elle. C'est déjà une grande victoire qu'elle a remporté, à force de labeurs et d'études, sur l'esprit profondément sceptique du dernier siècle. Elle s'accorde à reconnaître que c'est Moïse ou de grandes individualités travaillant avec lui à constituer le peuple d'Israël qui ont donné le Décalogue.

Nous croyons qu'il faut faire un pas de plus, même en ne consultant que la raison. N'est-on pas naturellement porté à se demander où ces *grandes individualités* ont puisé les éléments de ces prescriptions si sages et si parfaites? Il est impossible de ne pas voir, à la simple lecture du Décalogue, qu'il est l'œuvre d'un seul auteur, qu'une même pensée a présidé à sa constitution. Même esprit, même but, même rédaction.

D'où vient, au milieu de la profonde idolâtrie qui régnait alors sur toute la terre, cette voix annonçant à un peuple encore enfant le Dieu vivant, le Dieu *esprit et vie,* le Dieu qui ne peut souffrir aucune souillure, le Dieu qui relève si noblement l'homme en le plaçant sous sa suprême direction et lui demandant, avant tout, son cœur : « Tu aimeras le Seigneur ton Dieu de tout ton cœur » Le Dieu plein de miséricorde pour ceux qui l'invoquent, le Dieu qui dresse si admirablement la table des devoirs de l'homme envers son Dieu, envers sa famille, envers son prochain, envers lui-même? L'homme aurait-il pu créer ainsi, de toutes pièces, un code à la fois aussi simple et aussi complet? Ne serait-ce pas la voix de l'Eternel?

Nous l'avons déjà dit, avec les autorités les plus compétentes et les mieux autorisées, on ne trouve, avant Moïse, ni dans les lois, ni dans les coutumes des anciens peuples, rien qui ressemble aux dix Commandements, rien qui prépare aussi sûrement le cœur humain pour l'accomplissement de ses devoirs.

Moïse n'hésite pas à nous dire que Dieu lui-même est l'auteur du Décalogue et, parce qu'on ne voit plus l'action directe, immédiate, de la Providence sur nos institutions, on accuse Moïse de mensonge.

Lorsque, à plus de cent lieues de la mer, nous rencontrons des montagnes de coquillages marins, nous ne pouvons pas contester le fait, mais si nous voulions déterminer ce qui a du se passer dans les premiers âges du monde par ce que nous voyons s'accomplir tous les jours sous nos yeux, comment expliquerions-nous l'amoncellement de ces mollusques à une aussi grande distance de l'Océan? La science observe, constate, compare, mais a-t-elle jamais donné une explication suffisante et sans conteste des faits de ce genre? Lorsqu'elle se trouve en présence de ces phénomènes qui portent encore l'empreinte de révolutions extraordinaires, elle doit bien reconnaître son impuissance pour en déterminer les causes d'après les données de l'expérience et de la raison de l'homme, d'après les faits que nous voyons s'accomplir régulièrement sous nos yeux.

Ne faisons pas comme ce roi de Siam dont Laromiguière, dans ses savantes leçons de philosophie, nous rapporte l'amusante colère. Il s'entretenait avec un Hollandais sur les merveilles des Pays-Bas, ce dernier s'avisa de dire qu'il y avait une saison de l'année où les habitants de ce pays marchaient sur l'eau à pied sec. « Je » n'aime pas les imposteurs, s'écria le roi de » Siam, qui n'avait jamais vu l'eau que dans » un état de fluidité; c'en est assez, retirez- » vous! »

En résumé, Moïse, toute la Bible affirment que l'Eternel Dieu a donné lui-même aux Israélites les lois qui ont régi ce peuple durant un si grand nombre de siècles, nous ne pouvons découvrir aucune autre origine à cette grande législation, il n'est pas juste, il n'est pas logique d'accuser de mensonge les assertions de ce livre que nous sommes d'ailleurs forcés d'admirer.

IV.

QUELQUES MOTS SUR LE DROIT DES GENS DES ISRAÉLITES.

Le droit des gens des Israélites fut appliqué par le législateur lui-même, qui donnait ainsi à son peuple le meilleur des préceptes, l'exemple.

Avant de mettre le pied sur le territoire du roi d'Edom, Moïse envoya vers lui des ambassadeurs chargés de raconter les malheurs du peuple d'Israël dans le pays d'Egypte et la délivrance miraculeuse que l'Eternel, le Dieu d'Israël, avait accordée au peuple élu.

Moïse ne veut pas, en présence d'un roi idolâtre, cacher sa foi ; il n'use pas de ces ménagements, de cette réserve que la prudence humaine appelle sagesse, qu'elle conseille trop souvent, mais qu'une conscience droite et sévère désapprouve. Il attribue à l'Eternel, son

Dieu, la grande délivrance du peuple hébreu. Au nom de ce Dieu, auquel il rend hommage et qui est la base et le couronnement de toute la loi mosaïque, le chef du peuple d'Israël demande au roi de passer dans le pays d'Edom.

Les ambassadeurs sont chargés de déclarer que le peuple, dans sa marche, ne s'écartera pas du droit chemin, que les champs et les puits des Edomites seront scrupuleusement respectés, que le peuple d'Israël paiera exactement tout ce qu'il lui sera nécessaire de se procurer pendant son trajet sur ce territoire.

Le roi d'Edom ne permit pas le passage : il craignit d'attirer sur lui la colère des Egyptiens; le peuple d'Israël se détourna de ce pays.

Arrivé dans la vallée de Moab, au sommet de Pisga, Moïse envoie aussi des ambassadeurs au roi des Amorrhéens pour lui demander le passage sur ses terres. Cette demande est faite aussi avec la promesse de respecter les possessions du roi Sihon. « Tu me feras distribuer » des vivres pour de l'argent; tu me donneras » de l'eau pour de l'argent, afin que je boive; » permets seulement que je passe » (Deut., II, 28). Du reste, Moïse déclare que sa troupe suivra *le grand chemin*, sans se détourner.

Le roi ne se contente pas de refuser le passage sur son territoire, il marche contre les Israélites. Cette entreprise offensive fut punie : Sihon fut battu et son royaume tomba au pouvoir des Israélites.

Nous pourrions citer plusieurs autres faits de ce genre témoignant du respect qu'avait le législateur des Hébreux pour les possessions des peuples voisins.

Le peuple d'Israël ne devait pas commencer les hostilités sans avoir épuisé les moyens pacifiques. Si ses propositions conciliantes n'étaient pas acceptées, il devait combattre sans crainte, quel que fût le nombre des ennemis.

Si le droit des gens des Hébreux ne nous a pas été conservé comme institution écrite, on peut cependant le trouver dans les faits, dans la conduite des conducteurs du peuple à l'égard des autres nations. Ces faits, cette conduite constituent un usage, une jurisprudence équivalant à la loi écrite.

Nous verrons, en examinant les lois civiles de Moïse, que, si le législateur eut pour principe d'éviter, autant que possible, des rapports entre l'étranger, *en pays étranger*, et l'Israélite, il voulut aussi que l'étranger, établi au milieu du peuple hébreu, y fût traité avec les plus grands égards, y jouît des mêmes droits et de la même protection que l'Israélite lui-même.

DEUXIÈME PARTIE.

Lois civiles.

DEUXIÈME PARTIE.

Lois civiles.

I.

DES ÉTRANGERS.

La législation des Israélites ne permettait, il est vrai, de rapports avec l'étranger, en pays étranger, que sous des conditions fort onéreuses; mais, en revanche, elle était empreinte, à l'égard de l'étranger qui venait habiter au milieu du peuple hébreu, d'un caractère de liberté, d'humanité, qu'on chercherait vainement dans les lois des autres nations.

Les peuples modernes parlent — sous plusieurs rapports avec juste raison — de progrès, de rapprochement des nationalités, et cependant aucun n'a pu se déterminer à adopter franchement l'étranger et à lui donner les droits dont jouissent les habitants du pays.

Le système de réciprocité qui a prévalu dans nos lois françaises est bien un progrès remarquable sur les peuples de l'antiquité, pour lesquels l'étranger était un barbare, un homme à qui l'on ne devait ni respect, ni protection ; mais il y a loin du principe qui n'accorde à l'étranger, en France, que ce qu'accorde au Français la nation à laquelle appartient cet étranger, au principe si large, si libéral, écrit dans plusieurs livres de la loi des Hébreux : « L'étranger qui » demeure avec vous *sera comme celui qui est » né parmi vous et vous l'aimerez comme vous- » même.* » — « *Vous rendrez à l'étranger la même » justice qu'à celui qui est né au pays.* »

L'homme calcule, pèse, mûrit et déduit avec soin ses raisons, prévoit des obstacles et refoule souvent le premier élan de son cœur de crainte de compromettre la sécurité publique ou sa sûreté personnelle. Il établit ses lois d'après ces calculs et en vue de ces appréhensions. L'inspiration divine s'avance plus sûrement et d'une manière plus hardie.

Les lois de Gratien, de Valentinien, de Théodose prescrivent de *prendre avec finesse* aux étrangers ce qu'ils possèdent.

Les hommes pensaient, comme le dit Montesquieu, « que les étrangers ne leur étant unis » par aucune communication du droit civil, ils » ne leur devaient, d'un côté, aucune sorte de » justice, et, de l'autre, aucune sorte de » pitié. »

Suivant les anciennes ordonnances, les étrangers ne pouvaient occuper, en France, ni offices, ni bénéfices; ils ne pouvaient pas même être fermiers du roi, de l'Eglise, ni exercer la banque. Un étranger était également incapable de recueillir aucune succession en France et ne pouvait recevoir la moindre libéralité, soit de parents résidant en France, soit d'autres habitants. Il ne pouvait pas disposer à cause de mort et n'avait d'autre héritier que le roi. Ces ordonnances avaient encore force obligatoire au moment de la Révolution de 1789.

Notre législation moderne admit, pendant quelque temps, l'étranger à jouir, en France, des mêmes droits que le Français et cela sans aucune condition de réciprocité.

Ce principe fut savamment discuté par les rédacteurs de nos Codes, la prudence humaine fit adopter le système de réciprocité.

« Il faut distinguer, disait l'un des orateurs » du tribunat au corps législatif, il faut distin- » guer le cas où une nation règle les intérêts

» de ses propres citoyens de celui où elle statue » sur ses rapports avec les nations étrangères.

» Quand elle s'occupe de ses propres citoyens, » quand elle travaille sur elle-même, elle peut, » sans péril, s'abandonner aux vues les plus li- » bérales. Plus elle élève l'âme de ses citoyens, » plus elle s'élève elle-même ; tout ce qu'elle » fait pour les porter à la grandeur et à la » gloire, elle le fait pour sa propre grandeur et » pour sa propre gloire. Mais quand elle règle » ses rapports avec les autres peuples, sa gé- » nérosité avec eux serait souvent ou danger » pour elle-même, ou injustice pour les habi- » tants de son territoire. »

De nombreux textes de la loi de Moïse se ré- férant aux étrangers disposent que l'étranger, résidant au milieu du peuple d'Israël, a droit à la même justice et doit être protégé par les mê- mes lois que l'Israélite. (Voyez notamment : Lévit., XIX, 33, 34 ; XXIV, 22. — Nomb., XV, 29.)

De nos jours, l'étranger jouit en France « des mêmes droits civils que ceux qui sont ou » seront accordés aux Français par les traités » de la nation à laquelle cet étranger appar- » tiendra. » (article 11 du code Napoléon.) Mais, en demandant l'autorisation d'établir son do- micile en France, il exerce tous les droits civils tant qu'il continue d'y résider. S'il n'est pas autorisé à demeurer en France, l'étranger ne peut pas plaider sans donner caution; il est inhabile à succéder, à recevoir un legs, à disposer, en un mot à user des droits civils.

II.

DE L'ÉTAT CIVIL.

La situation de famille était réglée, chez les Israélites, avec un soin tout particulier.

Moïse et Aaron furent d'abord chargés par l'Eternel de faire enregistrer tous les enfants d'Israël. Pour cette opération, ils s'adjoignirent un homme de chaque tribu. *Toute l'assemblée était convoquée* et on enregistrait *chacun selon sa famille, selon la maison de ses pères*, les comptant *nom par nom*, depuis l'âge de vingt ans et au-dessus, *chacun par tête*.

La nation d'Israël s'était entièrement renouvelée lorsqu'il fut fait, par Moïse et Eléazar le Sacrificateur, un nouveau dénombrement, aux campagnes de Moab, près du Jourdain, vers Jérico. Ce dernier enregistrement donna pour résultat six cent un mille sept cent trente hommes capables de porter les armes et ayant part à la division des terres.

Les lévites furent comptés depuis l'âge d'un mois et au-dessus, mais ils ne furent pas compris dans le dénombrement, car ils ne devaient pas avoir d'héritage entre les enfants d'Israël et ne devaient pas porter les armes.

L'usage de ces dénombrements se retrouve chez tous les peuples de l'antiquité. C'est à un tel travail ordonné par César-Auguste, avant la naissance du Sauveur, que nous devons la preuve que Jésus-Christ était de la maison et de la famille de David (Luc, II).

C'était là l'état civil du peuple d'Israël et cet état se gardait précieusement dans les familles. Les généalogies se conservaient avec soin et se rappelaient dans les actes de la vie civile. Au nom de chaque individu se rattachaient toujours les noms de ses auteurs.

Ainsi que nous l'avons déjà dit, les sacrificateurs étaient chargés de faire le dénombrement avec un homme de chaque tribu. Le sacrificateur n'entrait que pour partie dans ce travail. Presque chez tous les peuples, l'état civil a été confié aux prêtres. Telle a été notre législation jusqu'à la loi du 28 pluviôse an VII qui charge les maires et les adjoints de tenir les registres de l'état civil.

III.

DU MARIAGE.

On ne trouve dans la Bible l'indication d'aucune cérémonie ordonnée pour la célébration du mariage. Cependant, bien que la loi écrite ne prescrivît aucune formalité, il existait certains usages fidèlement observés dans les familles pieuses. La Bible nous a conservé quelques-unes de ces traditions.

Lorsque les parents de la fille donnaient leur consentement à celui qui venait, au nom de l'époux, proposer le mariage, il y avait, de la part de l'époux, distribution de présents; on faisait de grandes fêtes et de somptueux festins; mais tout cela se passait dans le sein de la famille.

Raguël prit Sara par la main et la donna à

Tobie pour femme, en disant : « *Prends-la selon la loi de Moïse.* » Il prit des tablettes, fit le contrat et le scella ; puis on se mit à manger. Il y avait aussi des vœux de la part des assistants pour la prospérité du mariage, des bénédictions prononcées sur les époux par les parents, des actions de grâces à l'Eternel. « *Le Dieu miséricordieux vous fasse prospérer en tout bien !* »

Dans tous les pays et dans tous les temps, on a fait intervenir la religion dans les mariages. Elle vient légitimer, sous de certaines conditions de moralité, l'union de l'homme et de la femme et lui ôter tout caractère d'impureté.

La loi civile, vient, à son tour, sanctionner cette union, la régler, en déterminer les effets et quant aux époux eux-mêmes et quant à la famille qu'ils sont appelés à former et à diriger.

Chez les Etrusques, chez les anciens Romains, le mariage civil se faisait moyennant un prix payé par l'époux aux parents de l'épouse. Les Hébreux appelaient ce don, ce prix, *mohar*, mot qui a beaucoup d'analogie avec le mot *bohari*, employé par certaines peuplades du sud de l'Afrique pour désigner les dons livrés aux parents de l'épouse. Nous aurons bientôt occasion de signaler des rapports encore plus frappants entre les usages de ces peuples, descendants de Cham, et les traditions des Hébreux.

Les mariages dont il est parlé dans la Genèse prouvent toute la faveur que les Israélites accordaient à des unions entre personnes déjà liées par la parenté.

Nous avons à examiner quelles furent les règles établies par les lois de Moïse, non pour solenniser le mariage, — nous avons vu que c'était l'affaire de coutumes traditionnellement conservées dans les familles, — mais pour l'autoriser et le rendre valable devant Dieu et devant le peuple.

Déterminer le point où s'arrêtent les lois de la nature et où doivent commencer les lois civiles, fut, pour tous les législateurs, une question très-délicate et très-difficile.

Le principe qui doit dominer la prohibition des mariages entre parents, c'est, comme le dit, avec tant d'autorité et de raison, le judicieux auteur de l'*Esprit des Lois*, « *la conservation de la pudeur naturelle dans la maison.* » Le fils doit à sa mère un respect profond. Le père, chef de la famille, est le gardien des bonnes mœurs sous son toit ; il doit empêcher toute séduction entre les enfants, séduction horrible entre personnes qui sont élevées, depuis leur enfance, dans la même maison.

La loi de Moïse est exactement basée sur ces principes. Ses prescriptions, à cet égard, se trouvent mêlées à des commandements concernant la pureté de mœurs qu'il voulait faire régner en Israël.

Le chapitre XVIII du Lévitique règle les prohibitions d'union pour cause de parenté.

Il était défendu :

1° Au fils de prendre sa mère ou la fille de son père ou la femme de son père ;

2° Au frère de prendre sa sœur, fussent-ils de différents lits ;

3° Au grand-père de prendre sa petite-fille ;

4° Au fils de prendre la sœur de son père ou de sa mère ;

5° Au neveu de prendre sa tante ;

6° Au beau-père de prendre sa belle-fille.

Il était aussi défendu de prendre une femme et sa fille, ou la fille de son fils ou de sa fille.

Là s'arrêtaient les prohibitions de mariage pour cause de parenté.

Quelques auteurs ont prétendu que la prohibition s'étendait, chez les Israélites, au beau-frère et à la belle-sœur. Leur argumentation repose sur l'interprétation du verset 16e du chapitre XVIII au Lévitique, mais il s'agit dans ce verset de la *femme* du frère et non de la veuve. Le législateur sait bien distinguer entre ces deux expressions, et quand il veut parler de la *veuve*, il emploie bien le mot consacré par sa langue à cette désignation, ainsi, par exemple, au verset 14 du chap. XXI du même livre, ainsi, au chap. XXIV du Deutéronome, la veuve est parfaitement distinguée de la femme mariée.

Si une telle prohibition avait existé dans la loi ou dans les coutumes des Israélites, comment expliquerait-on l'obligation imposée au frère, dans le chap. XXV du Deutéronome, d'épouser la veuve de son frère? Quel que fût le motif social qui dût favoriser cette union, si ce mariage eût été, au fond, une chose mauvaise, la loi de Moïse ne l'aurait pas prescrit et l'Evangile n'aurait pas pris texte de cette prescription de la loi de Moïse pour parler de l'état des êtres qui passent dans la vie des cieux.

L'explication que nous venons de donner de la prohibition portée au verset 16, chap. XVIII du Lévitique, trouve sa confirmation dans le verset 18 du même chapitre. Ici, l'argumentation n'est plus nécessaire. Si le verset 18 défend de prendre une *femme* avec sa *sœur*, il donne aussitôt le motif de la prohibition : c'est pour ne pas affliger la femme *pendant sa vie*. Qui pourrait douter qu'il ne s'agisse bien ici de la défense de prendre pour épouse la sœur de la femme pendant la vie de celle-ci, c'est-à-dire pendant que dure le mariage?

Qu'on ne dise pas que cette explication ne saurait être admise parce que, dans ce cas, il aurait été permis à l'Israélite d'avoir deux femmes : nous répondrions que, si l'on ne trouve dans la loi de Moïse, aucune règle concernant la polygamie, il est certain cependant qu'elle était tolérée : « *Quand un homme aura deux femmes, l'une aimée, l'autre haïe...* » (Deut., XXI.)

Nous avons déjà cité Montesquieu ; qu'il nous soit encore permis d'invoquer cette autorité si puissante : « Il n'est point d'un usage néces-
» saire, dit-il (*Esprit des Lois*, livre XXVI,
» chap. 14), que le beau-frère et la belle-sœur
» habitent dans la même maison. Le mariage
» n'est donc pas défendu entre eux pour con-
» server la pudicité dans la maison, et la loi
» qui le défend ou le permet n'est point la
» loi de la nature, mais une loi civile... *Les*
» *lois de Moïse*, ajoute-t-il, *permettent le mariage*
» *entre le beau-frère et la belle-sœur*... La nou-
» velle épouse devient la mère des enfants de
» la sœur et il n'y a point d'injuste marâtre. »
Pourquoi ne dirions-nous pas avec le savant Laromiguière : « Qu'on est heureux de trouver
» quelque rapport entre ses pensées et les pen-
» sées de Montesquieu ! » ?

Notre législation française a tantôt autorisé, tantôt prohibé le mariage entre beau-frère et belle-sœur. La loi du 20 septembre 1792, de même que la loi de Moïse, n'avait prohibé le mariage qu'entre les ascendants et les descendants et les alliés dans la même ligne, et entre le frère et la sœur. Elle ne défendait pas, comme la loi des Hébreux, l'union entre le neveu et la tante.

Le code Napoléon prohiba le mariage entre le beau-frère et la belle-sœur, la tante et le neveu, mais cette prohibition ne fut votée qu'après de longs débats. La section de législation, dit de Maleville, était elle-même partagée. (De Maleville, *Analyse du code Napoléon*, sur l'article 161 et les suivants.)

Cette disposition prohibitive, édictée dans le but d'éviter, dans le sein de la famille, de graves désordres, a été modifiée par le législateur moderne. La nouvelle loi autorise le mariage moyennant des dispenses.

Enfin nous trouvons, dans le chapitre VII du Deutéronome, la prohibition imposée à tout Israélite d'épouser une Cananéenne. Cette défense n'avait d'autre but que de conserver, chez les enfants d'Israël, la pureté de la foi et d'empêcher que ceux-ci ne se détournassent du culte du vrai Dieu.

IV.

DU DIVORCE.

Le mariage ne formait pas, chez les Israélites, un lien indissoluble. L'autorité du mari était si grande, que, s'il découvrait en la femme qu'il avait prise quelque chose d'infâme, il pouvait, de sa propre volonté, la renvoyer de sa maison. Il suffisait pour cela qu'il lui mît dans la main *la lettre de divorce.* Nous devons à l'obligeance d'un honorable rabbin la communication de la formule de la lettre de divorce. Voici comment cette lettre était conçue :

« Aujourd'hui, mercredi, troisième jour du » mois de Nissan, l'année cinq mille trois cent » quarante, selon la création du monde, comme » nous comptons ici, à... ville située près du » fleuve... moi (nom et prénoms), domicilié à...

» je renvoie et je répudie, de mon propre gré » et sans y être contraint par aucune violence, » toi, ma femme (nom et prénoms) domiciliée » à... qui as été légalement ma femme. Je te » répudie de manière que tu auras la faculté de » te remarier à qui bon te semblera et sans que » personne puisse t'en empêcher depuis main- » tenant à jamais.

» En foi de quoi, je te donne cette lettre de » divorce selon la loi de Moïse et d'Israël. »

La femme, ainsi répudiée, pouvait contracter un second mariage, mais si son nouveau mari venait à la haïr et qu'il lui remît, lui aussi, la lettre de divorce, ou bien si le second mari décédait, le premier qui l'avait eue pour femme ne pouvait la reprendre.

L'article 295 du code Napoléon porte une disposition presque semblable : « Les époux » qui divorceront pour quelque cause que ce » soit, ne pourront plus se réunir. »

Les lois de Romulus qui font partie du code Papyrien, donnaient au mari une autorité plus grande encore : elles l'autorisaient à faire mourir sa femme après avoir pris l'avis de la famille, et cela pour cause d'adultère, pour tentative d'empoisonnement et même *pour avoir bu du vin*. Ces lois autorisaient le divorce. Le mari congédiait sa femme, lui rendait ce qu'elle avait apporté dans le ménage et reprenait les clés de la maison. La loi de Romulus n'accordait pas à la femme la faculté de répudier son mari. Elle était, en cela, conforme à la loi de Moïse.

Plus tard, après l'adoption des lois des Douze Tables, le droit de répudiation fut accordé à la femme comme au mari. Ces dispositions avaient été puisées dans les lois des Athéniens.

Le divorce, admis d'abord dans nos lois françaises, ne pouvait cependant avoir lieu par la volonté d'un seul. Il fallait un consentement mutuel ou des causes très-graves que les tribunaux étaient chargés de constater et d'apprécier. La *répudiation* proprement dite, c'est-à-dire la faculté accordée à l'un des époux de rompre à son gré, le lien du mariage ne fut jamais adoptée par nos lois françaises.

Dans la discussion du projet de loi sur le divorce, lors de la rédaction de nos codes, plusieurs orateurs exprimèrent l'avis que le mariage ne fût résolu que pour cause d'adultère. Cette opinion, qui trouva de nombreux et éloquents défenseurs, n'était que la reproduction du précepte de Jésus-Christ rapporté par saint Matthieu (Chap. V, 31, 32). « Il a été dit : Si » quelqu'un répudie sa femme, qu'il lui donne » la lettre de divorce, mais, moi, je vous dis

» que quiconque répudiera sa femme, *si ce n'est*
» *pour cause d'adultère*, il l'expose à devenir
» adultère, et que quiconque se mariera à la
» femme qui aura été répudiée, commettra un
» adultère. »

On s'est demandé si, par le mot *répudiation*, Jésus-Christ a entendu parler du divorce proprement dit, avec toutes ses conséquences ; si, en un mot, il a entendu consacrer, dans le cas d'adultère, la résolution complète de l'union conjugale.

Jésus-Christ, dans les versets qui précèdent celui que nous citons, rappelle l'institution du mariage, son indissolubilité ; il défend de séparer ce que Dieu a joint. Les pharisiens lui opposent aussitôt la loi de Moïse, qui permet le divorce. — C'est à cause de la dureté de votre cœur, répond le Sauveur, que Moïse a autorisé la *répudiation*, mais, au commencement, il n'en était pas ainsi.

Au commencement, lorsque Dieu donna à l'homme une compagne, le péché n'existait pas dans le monde. C'est par suite de la corruption des mœurs que la rupture du lien conjugal pour cause d'adultère fut établie. Cette rupture peut être comparée, dit Thomas Scott, à l'amputation d'un membre gangrené. Le mariage est l'union intime de l'homme et de la femme ; ils ne font plus *qu'une seule chair ;* mais l'adultère attaque cette union dans son principe, dans son essence, dans son but : il rompt le mariage.

Jésus-Christ n'a-t-il pas consacré cette rupture dans le verset que nous examinons? Il reconnaît l'indissolubilité du mariage, *si ce n'est pour cause d'adultère :* donc, selon le Sauveur, l'adultère, par exception à la règle générale, rompt le lien conjugal. Tout ce que dit le Maître dans cet enseignement nouveau sur la sainteté et l'indissolubilité du mariage, il le dit *sauf le cas d'adultère.*

On ne saurait voir dans cette solennelle déclaration un mode de séparation différent de celui consacré par la loi de Moïse, une sorte de rupture partielle ayant quelque analogie avec la séparation de corps de la loi française ; car, dans la loi de Moïse, les mots *divorce* et *répudiation* signifient une même chose. Le terme de *répudiation* est toujours employé dans ce sens dans la loi de Moïse et on le retrouve dans le modèle de lettre de divorce que nous avons textuellement rapporté plus haut.

L'indissolubilité du mariage, sauf le cas d'adultère, est donc formellement établie par Jésus-Christ ; mais le divorce, pour cette cause unique, est aussi positivement autorisé.

Ces paroles s'adressaient à un peuple élevé dans des principes tout différents. La femme n'était qu'un être bien inférieur à l'homme ; elle devait rester sous la domination de celui-ci. Ces graves enseignements ont cependant porté leurs fruits. La femme ne peut plus être répudiée selon le caprice du mari ; elle a pris chez nous, dans l'institution du mariage, la place que le Sauveur lui assigna il y a dix-huit siècles.

V.

DE LA PUISSANCE PATERNELLE.

L'autorité paternelle, sagement réglée, est la base de l'ordre social. Si les enfants n'ont pas de respect pour leur père et leur mère, qui respecteront-ils? S'ils ne leur sont pas soumis, à qui obéiront-ils plus tard?

Tous les législateurs ont compris que cette partie de la constitution civile d'un peuple devait être soigneusement élaborée.

« La puissance paternelle (De Maleville, *Ana-*
» *lyse du code Napoléon*, page 380) est dans
» la famille ce que le gouvernement est dans
» la société; l'une gouverne par les mœurs et
» l'autre par les lois. Si le maintien de l'ordre
» social dépend de la force du gouvernement,
» le maintien de l'ordre domestique tient à l'ef-

» ficacité de la puissance paternelle; et, comme » l'état n'est que la réunion des familles, il ne » peut être heureux et tranquille qu'autant que » les familles particulières le sont aussi, *quod* » *foris est regnum, id domi patria potestas.* »

Le respect pour le père et la mère, l'autorité du père et de la mère sur leurs enfants sont prescrits, de la manière la plus formelle, dans la loi de Moïse.

L'Eternel Dieu, en faisant annoncer à son peuple ses commandements, accompagna d'une promesse le respect pour le père et la mère : « Honore ton père et ta mère, afin que tes jours » soient prolongés dans le pays que l'Eternel » ton Dieu te donne. »

Dans le chapitre XIX du Lévitique, la première prescription que Dieu fait donner à son peuple en l'invitant à se sanctifier, *c'est de craindre chacun* « sa mère et son père. »

Celui qui maudissait son père ou sa mère était puni de mort.

L'autorité paternelle n'allait pas cependant, comme chez d'autres peuples d'une antiquité moins reculée, jusqu'à donner au père et à la mère le droit de vie et de mort sur leurs enfants; l'Israélite ne pouvait infliger à ses enfants d'autre peine corporelle qu'une simple correction.

La peine capitale ne pouvait être prononcée que par les anciens de la ville où résidaient le père et la mère.

Lorsque, après avoir châtié leur enfant, les parents le trouvaient encore *rebelle et méchant, n'obéissant pas à la voix de son père ni à la voix de sa mère*, ils avaient le droit de le conduire devant les anciens de la ville qui, après avoir entendu les plaintes du père et de la mère, faisaient lapider l'enfant *pour ôter le méchant du milieu d'Israël, afin qu'Israël l'entende et qu'il craigne* (Deut., XXI).

Ce n'était certes pas là, ainsi qu'on l'a voulu dire, le droit absolu de vie et de mort du père sur son enfant, droit qui, dans un moment de fureur, pourrait être si funeste à la famille. Pour faire prononcer contre un enfant *méchant* et *rebelle* la peine capitale, il fallait le conduire devant les anciens de la ville. Cela demandait du temps; il fallait expliquer les motifs qui déterminaient les parents à provoquer une mesure aussi grave. Les anciens de la ville n'auraient-ils pas énergiquement blâmé un père et une mère qui, sans motifs assez sérieux, auraient osé réclamer publiquement contre leur enfant une peine capitale?

Il y avait évidemment, dans cette sorte de procédure criminelle, des garanties pour l'enfant.

La loi romaine autorisa, pendant longtemps, le père à prononcer jugement contre son enfant. Les lois de Romulus donnaient au père de famille un pouvoir tel qu'il avait le droit de vendre ses enfants comme esclaves et de les faire mourir. Le fils qui avait battu son père ou l'un de ses parents, était voué aux dieux infernaux.

La loi 26 du Code Papyrien, ordonnait au père, lorsqu'il lui naissait un enfant difforme, de le tuer dès sa naissance.

Les Romains se félicitaient d'avoir, sur la puissance paternelle, des institutions qui dépassaient de beaucoup, en sévérité, les lois des autres peuples. « Nulli enim alii sunt homines, » inquit imperator, qui talem in liberos habeant potestatem qualem nos habemus. »

Plus tard, il fallut, comme chez les Hébreux, recourir aux magistrats pour prononcer jugement contre l'enfant. C'était encore une simple formalité, car les magistrats étaient tenus de suivre la volonté du père. Cependant, en de telles circonstances, c'était quelque chose que d'avoir à remplir une formalité et d'observer forcément des délais. L'irritation pouvait se calmer, les magistrats pouvaient exercer une bonne influence sur la détermination du père de famille.

A la longue, le pouvoir du magistrat l'emporta sur celui du père; celui-ci ne retint que le droit de châtier modérément son enfant. Le magistrat seul put prononcer des peines sévères contre les enfants.

Le premier article du titre de nos Codes qui se réfère à la puissance paternelle, résume parfaitement les commandements du Décalogue et du Lévitique : « L'enfant, à tout âge, doit *honneur* et *respect* à ses père et mère » (Art. 371 code Napoléon).

D'après nos lois françaises, le père a le droit de faire emprisonner, pendant un mois au plus, son fils âgé de moins de seize ans commencés. Il n'a qu'à s'adresser au magistrat qui *doit*, sur sa demande, délivrer l'ordre d'arrestation. Si l'enfant a plus de seize ans commencés, le magistrat peut refuser l'ordre d'arrestation lorsque les motifs allégués ne lui paraissent pas suffisants.

Ainsi, dans la loi romaine, dans nos lois françaises, comme dans la législation des Hébreux, c'est devant les juges qu'il faut venir avant d'infliger à l'enfant un grave châtiment.

La fille israélite qui, encore dans la maison de son père, prenait un engagement, faisait une promesse, était tenue de l'exécuter, à moins que le père, ayant entendu la promesse, ne la désavouât le jour même où il l'avait entendue.

Le père devait veiller sur la conduite de ses

enfants. Il était marqué d'infamie s'il laissait déshonorer sa fille (Lévit., XIX).

Pendant que les enfants étaient dans la maison paternelle, ils ne possédaient rien en propre, tant était grande l'autorité du chef de la famille.

Nous n'avons pas, dès lors, à nous occuper des effets de la puissance paternelle quant aux biens : cette puissance était absolue et exclusive de toute espèce de droits de la part des enfants.

VI.

DU DROIT DE PROPRIÉTÉ.

La terre était la propriété de l'Eternel. L'Israélite n'avait, dès lors, pour me servir d'une expression consacrée par nos lois modernes, qu'un droit de *jouissance*, *d'usufruit*, droit auquel le législateur attachait certaines charges au profit des pauvres, des orphelins, des veuves, des étrangers.

La possession était originairement réglée selon l'ordre des familles. Les pays conquis étaient divisés par le sort entre les familles israélites suivant le dénombrement qui avait été fait par tribus : « A ceux qui sont en plus » grand nombre, vous donnerez plus d'héri» tage, et à ceux qui sont en plus petit nom» bre, vous donnerez moins d'héritage; chacun

» aura selon ce qu'il lui sera échu par le sort, » et vous hériterez selon les tribus de vos pè- » res » (Nomb., XXXIII, 54).

Ce partage fait, chaque famille cultivait le lot qui lui avait été assigné et en recueillait les fruits sous les conditions que nous examinerons bientôt.

Ce droit de possession était aliénable. Le possesseur pouvait vendre, non la propriété du sol qui était hors du commerce et dans laquelle le vendeur était réintégré, tout au moins à l'époque du *jubilé*, mais le droit de jouissance seulement *jusqu'à l'année du jubilé*. « Se- » lon qu'il y aura plus d'années, tu augmente- » ras le prix de ce que tu achètes, et selon » qu'il y aura moins d'années, tu le diminue- » ras, car on vend le nombre des récoltes » (Lévit., XXV, 16).

Le jubilé se célébrait tous les cinquante ans. Tous les habitants du pays reprenaient ce qu'ils avaient aliéné.

Le partage des terres entre les familles, suivant l'importance de chacune d'elles, le droit de rentrer en possession de ce qui avait été aliéné, les conditions du prêt entre Israélites, l'obligation d'assister les veuves, les orphelins, les étrangers, constituaient tout autant de dispositions généreuses propres à conserver la pureté et la simplicité des mœurs patriarcales au sein du peuple hébreu. « Si, dans un Etat, » les richesses sont également partagées, dit » Montesquieu, il n'y aura point de luxe. »

Réunis en société, les hommes sont toujours tentés de s'élever les uns au-dessus des autres, et souvent par de misérables moyens. Nul ne veut rester à son rang; chacun s'applique à prendre les habitudes et jusqu'au costume de la condition qui lui paraît supérieure à la sienne. Rien n'était plus propre à empêcher cette folle envie de se distinguer par le luxe, par des dehors fastueux, que l'institution du droit de possession formulée dans les lois de Moïse.

Ce n'était certainement pas en Egypte que le législateur d'Israël avait puisé ces principes qui convenaient si bien au peuple de Dieu. L'Egyptien était maître de son champ; les prêtres possédaient, comme absolus propriétaires, le tiers des terres. La vanité se manifestait jusque dans les tombeaux.

La terre que l'Israélite foulait sous ses pieds, qu'il arrosait de ses sueurs, qui lui fournissait les choses nécessaires à la vie, cette terre ne lui appartenait pas. Tout en lui permettant d'en recueillir les fruits, Dieu rappelait sans cesse à son enfant, par les oblations, par les sacrifices, par le jubilé, de qui il tenait ces biens précieux et de quelle manière il devait en jouir. Comment, après cela, l'homme aurait-il pu, sans se rendre coupable, abuser de ces dons et faire tourner à la satisfaction de son orgueil et de sa vaine gloire ce qu'il ne possédait que précairement!

Pour le chrétien, malgré tous les droits que les lois civiles actuelles lui confèrent, il en est bien encore comme aux beaux jours du peuple hébreu. Il ne doit se considérer que comme le dépositaire des biens qu'il plaît à son Dieu de lui confier; il a, lui aussi, ses orphelins, ses veuves, ses étrangers, ses offrandes, sa dîme; il doit, suivant le précepte divin, user des biens de ce monde comme n'en usant pas; mais c'est sa foi religieuse, et non une prescription légale, qui lui impose ces saints devoirs. Cette foi n'est plus que le privilége de quelques âmes d'élite; elle n'est plus qu'une exception. Est-ce donc qu'il faudrait s'en plaindre? N'est-ce pas la conséquence du grand principe de liberté morale développé par l'Evangile? Nous ne sommes plus sous le joug impérieux de la loi, mais sous le régime de la grâce et de l'amour. Lorsqu'une âme s'est placée sous cette douce influence, son obéissance n'est plus un joug, c'est une sainte, c'est une ineffable joie.

Mais revenons à la loi de Moïse qui, nous

pourrions en faire la remarque à chaque chapitre, était à la fois une admirable préparation au régime de la grâce dont le sacrifice de la croix est le dernier mot et une introduction magnifique aux lois fondamentales de toute société humaine.

L'Israélite qui aliénait son droit de possession pouvait stipuler le *rachat*, c'est-à-dire le droit de reprendre, après un temps moindre que celui à courir jusqu'au jubilé, la possession qu'il aliénait. Cette faculté était réglée différemment selon que le fonds vendu était une maison située dans une ville fermée de murailles, ou bien une propriété bâtie ou non bâtie, en pleins champs ou dans un village entouré de murailles.

Dans une ville entourée de murailles, le rachat ne pouvait s'exercer que dans l'année de la vente. Si le rachat n'était pas fait dans ce délai, la maison demeurait à l'acheteur et *en ses âges*; il n'était pas tenu de la rendre à l'époque du jubilé.

Les fonds de terre ou les maisons situées dans les villages non fermés pouvaient être rachetés jusqu'à l'année du jubilé. Si le rachat n'était pas effectué dans ce délai, l'objet vendu rentrait, au moment du jubilé, dans les mains de son ancien possesseur, car, nous le répétons, la vente n'était valable que selon les années de jouissance à courir jusqu'au jubilé.

Nous trouvons dans le livre du Lévitique l'origine du retrait lignager. La loi autorisait le plus proche parent du pauvre qui avait été obligé de vendre ce qu'il possédait, à opérer le rachat.

Le retrait lignager pouvait se céder par le parent le plus rapproché à un parent plus éloigné. « C'était une ancienne coutume en Israël » qu'au cas de droit de retrait lignager et » de subrogation, pour confirmer la chose, » l'homme déchaussait son soulier et le don» nait à son prochain, *et c'était là un témoi» gnage en Israël qu'on cédait son droit.* »

Le retrait, soit par le vendeur lui-même, soit par ses proches parents, se retrouve dans la législation de quelques peuples. Il a été usité dans nos coutumes. Le retrait par les parents du vendeur a été limité par notre législation moderne au seul cas de cession par l'un des cohéritiers de ses droits dans une succession non encore partagée. Notre Code a voulu réserver à la famille le droit d'exclure du partage un étranger auquel l'un des cohéritiers aurait cédé ses droits indivis. Ce droit peut être exercé même à l'égard d'une personne parente du défunt si elle n'est pas successible, c'est-à-dire si elle n'est pas appelée, par la loi, à succéder au défunt.

Le contrat appelé dans la pratique *pacte de rachat*, très-usité chez les Hébreux, a été considéré par plusieurs savants économistes comme l'un des plus puissants éléments du crédit immobilier. D'autres l'ont vivement attaqué comme se prêtant, mieux que tout autre, à déguiser des prêts usuraires. Nos annales judiciaires comptent plus d'une décision qui semblerait autoriser ce dernier sentiment. Mais le contrat d'obligation, la lettre de change, ne sont-ils pas plus souvent encore employés par l'usurier pour déguiser ses spoliations, et n'en avons-nous pas tous les jours sous les yeux de tristes preuves?

Le travail de l'homme, ses services, pouvaient être aussi aliénés, mais seulement en faveur d'un autre Israélite. Ce n'était pas une condition de dur esclavage, ainsi qu'on l'a prétendu, c'était un simple louage de services résultant de conditions librement consenties. Nous rechercherons plus loin ce qu'étaient les serviteurs chez les Israélites.

Le pauvre pouvait vendre ses services à l'étranger; mais il avait le droit de racheter sa liberté; ses proches parents pouvaient exercer ce rachat.

Nous avons fait connaître en quoi consistait,

dans la loi de Moïse, le droit de propriété et de quelles modifications il était susceptible ; examinons maintenant sous quelles charges cette propriété était donnée en jouissance par l'Eternel à son peuple.

Ces charges publiques avaient pour principal objet le service du culte, le soutien des pauvres, des veuves et des orphelins.

Cette charité de par la loi a ses adversaires. Que n'a-t-on pas dit et écrit sur la taxe des pauvres usitée en Angleterre? Il a été, pendant quelque temps, de très-bon goût d'attaquer la charité légale chez nos voisins, sans prendre garde qu'elle existe chez nous dans de plus fortes proportions peut-être. Nos nombreux hospices, nos salles d'asile, nos asiles de vieillards, nos bureaux de bienfaisance ne prennent-ils pas dans les budgets de l'Etat, des départements et des communes le plus clair de leurs revenus ? n'est-ce pas là de la charité légale au premier chef? et pourquoi l'Etat ne s'occuperait-il pas des indigents, des infirmes, des orphelins, des vieillards, des proscrits ? La France n'a jamais refusé une part de ses ressources aux étrangers que les discordes civiles ont jetés si souvent sur le sol français. Oserait-on l'en blâmer?

La charité légale n'exclut pas la charité privée : elle l'excite au contraire et lui sert de guide. La première, par ses règles bien arrêtées, par sa comptabilité exacte, par ses investigations sûres, corrige ce que la seconde a quelquefois de trop hasardeux.

Si la loi de Moïse a posé le fondement de la charité légale, ne lui en faisons pas un reproche. On se plaint quelquefois des abus qui se glissent dans l'administration des secours, combien ne seraient-ils pas et plus nombreux et plus désastreux pour l'indigent lui-même si la charité privée avait seule mission de venir au secours des malheureux !

Pendant trois ans, l'Israélite ne devait pas toucher aux fruits de l'arbre qu'il avait planté. Le fruit de la quatrième année était une chose sainte, consacrée au service de Dieu. A la cinquième année, le fruit pouvait être mangé.

Les premiers-nés des troupeaux et des animaux étaient aussi consacrés au culte et aux sacrifices ou oblations pour le péché du peuple ou pour le péché personnel.

Le cultivateur ne devait pas moissonner le bout de son champ, cueillir ce qui pouvait rester lorsqu'il avait enlevé la moisson, grappiller la vigne ni ramasser les grains de raisin qui étaient tombés. Tout cela appartenait, de par la loi, au pauvre, à l'orphelin et à l'étranger.

L'organisation ingénieuse et forte de nos sociétés de secours mutuels n'est-elle pas la meilleure preuve que la bienfaisance même a besoin de règles et de direction? La petite somme que l'ouvrier s'engage à verser mensuellement pour venir au secours de ses frères malades, n'est-ce pas le bout du champ, les épis et les grains de raisin que l'Israélite devait laisser pour l'indigent, pour la veuve, pour l'orphelin?

Cette perception des charges imposées à la possession était, on le voit, simple et facile. Elle réunissait toutes les conditions que les législateurs et les économistes demandent en pareille matière.

Il faut que ces redevances soient facilement perçues. Quoi de plus simple à constater que l'offrande des fruits des jeunes arbres et les premiers-nés des troupeaux, le grappillage, le glanage, l'abandon du bout des sillons au profit du pauvre, de l'orphelin et de l'étranger?

Une seconde condition relative aux charges publiques, c'est qu'elles ne puissent pas être augmentées au gré de celui qui les prélève. Or c'était la loi de Dieu elle-même qui prescrivait et réglait ces redevances. Toujours les économistes ont classé parmi les meilleurs modes d'impositions, une portion dans les fruits de la terre, une taxe par tête ou de tant pour cent sur les marchandises.

La cinquantième année, année du jubilé, était un temps de repos. Point de semailles, point de moissons. Chacun rentrait en possession de ce qu'il avait aliéné. Le prix de l'aliénation ne se composant jamais que du produit présumé de l'immeuble pendant les années qui restaient à courir jusqu'au jubilé, le vendeur rentrait en possession de la même manière que, à l'expiration du bail, le bailleur reprend possession des objets loués.

En résumé, Dieu était le maître du sol, l'homme n'en avait que la jouissance, à la charge de pourvoir, sur les produits de cette possession, au service du culte, aux secours que réclamaient les orphelins, les indigents, les veuves, les étrangers. Cette possession ne pouvait pas être aliénée indéfiniment; elle rentrait dans les mains du vendeur à l'époque du jubilé.

Les limites de la possession étaient déterminées par des bornes; la loi prescrivait le plus grand respect pour ces limites. Le déplacement d'une borne était un acte criminel qui entraînait sur le coupable la malédiction que les lévites prononçaient solennellement devant l'assemblée du peuple.

Le respect pour les bornes des champs était

placé, par la loi romaine, sous la sauvegarde d'une divinité.

Dans nos lois françaises, le bornage a sa place : l'article 646 du code Napoléon lui est consacré. Il est obligatoire entre les propriétés contiguës et se fait à frais communs. Pour assurer la prompte exécution de cette règle, la loi charge le magistrat judiciaire du canton de faire opérer le bornage et de prononcer sur le déplacement des bornes.

VII.

DES SUCCESSIONS.

Le droit de succession est un autre mode de mutation que connaissaient les Israélites et sur lequel la loi de Moïse contient des principes très-précis. C'est dans le 27me chapitre du livre des Nombres qu'il faut chercher les règles se référant aux droits héréditaires.

Tselophcad était mort dans le désert et n'avait pas laissé d'enfant mâle. Cet homme, dit la Bible, n'avait pas pris part aux troubles que suscitèrent ceux de l'assemblée de Coré qui s'étaient élevés contre Moïse. Ses filles, prétendant avoir leur part dans la division des héritages à la place de leur père, se présentèrent devant Moïse et Eléazar et devant l'assemblée du peuple, à l'entrée du tabernacle d'assignation. Elles exposèrent que le nom de leur père ne devait pas être retranché du milieu de la nation parce qu'il n'avait pas eu de fils, et réclamèrent leur part dans les terres distribuées aux enfants d'Israël.

Moïse ne crut pas pouvoir répondre immédiatement à cette demande ; il est dit, au verset 5 du chapitre déjà cité, qu'il *rapporta leur cause devant l'Eternel*. Cette réclamation fut trouvée juste ; l'Eternel ordonna à Moïse de faire passer l'héritage auquel avait droit Tselophead, à ses filles.

On sait sous quelle dépendance était placée la femme dans les institutions des anciens peuples ; aussi Moïse hésitait-il à donner aux filles l'héritage de leur père. Conformément à la loi de Moïse, les femmes devinrent capables de succéder, de posséder, et ce droit a passé dans les législations modernes, mais non sans difficulté. Une loi romaine appelée la loi *Voconienne* privait les filles, même la fille unique, de la succession de ses parents. *Marculfe, saint Augustin, Justinien* traitent cette loi d'injuste et de barbare. Cette prohibition fut plus tard abolie chez les Romains ou du moins très-modifiée par la loi *Pappienne*.

Plus tard les Romains s'appliquèrent avec un soin tout particulier à garantir la conservation du patrimoine de la femme, *interest reipublicæ dotes mulierum salvas fore*. C'est des Romains que nous vient le régime dotal, qui tend à disparaître de nos institutions.

Des questions de succession pouvant très-fréquemment se présenter alors que les Israélites allaient posséder un important territoire, Dieu prit occasion de cette cause particulière pour indiquer à Moïse de quelle manière devait être réglé l'ordre des successions.

« Lorsque quelqu'un mourra sans avoir de » fils, l'héritage devra passer à sa fille. »

Notre Code dispose que les enfants succèdent à leurs père et mère, sans distinction de sexe.

La loi des Hébreux établissait, au profit de l'aîné des enfants, un avantage connu sous le nom de droit d'aînesse. D'après la tradition conservée chez les Israélites, ce droit se réglait en comptant fictivement un héritier de plus que le nombre réel. La part de cet héritier fictif appartenait à l'aîné des enfants mâles.

Ce droit avait parfaitement sa raison d'être dans la législation du peuple d'Israël : il avait pour motif l'autorité du chef de famille. A la mort du père, l'aîné des enfants devait être le protecteur, le soutien de la famille. Le législateur voulut lui donner à la fois le moyen de subvenir aux charges de cette direction et l'influence, l'autorité qu'une position meilleure devait contribuer à lui donner.

Le droit d'aînesse s'est conservé, sous différentes dénominations, dans la législation des autres peuples. Il existait dans nos coutumes et quelquefois dans des proportions énormes. Il a été aboli par le législateur moderne, en conservant cependant au père de famille le droit d'avantager un ou plusieurs de ses enfants dans des proportions que la loi a soin de déterminer. Il y a cette différence importante entre notre législation moderne, celle de Moïse et de quelques-unes des anciennes coutumes, que ce n'est plus un droit que l'aîné puisse exercer, mais simplement une faveur dont le père de famille peut faire jouir tel ou tel de ses enfants.

A défaut d'enfants, la loi de Moïse faisait passer toute la succession aux frères du défunt.

Notre Code divise la succession, dans ce cas, entre les frères et sœurs et les père et mère du défunt. Si le père et la mère du défunt n'existent plus, toute la succession est dévolue aux frères et sœurs de la personne décédée sans postérité.

La loi de Moïse ne pouvait pas faire cette division puisqu'il était de principe que le fils ne possédait rien en propre tant que vivait le chef de famille.

S'il n'existe ni frères, ni sœurs, ni descendants, notre Code fait passer la succession dans les mains des collatéraux. La loi de Moïse appelait, dans ce cas, les frères du père du défunt à recueillir *toute la succession* : « S'il n'a » point de frères, vous donnerez son héritage » aux frères de son père. »

La ligne des ascendants était bien plus favorisée que dans la législation moderne, car, de son vivant, le père était seul possesseur de tout ce qui devait revenir à la famille ; à sa mort, s'il ne laissait ni descendants ni frères, l'héritage passait aux frères de son père exclusivement.

Enfin, si le défunt ne laissait ni enfants, ni frères, ni frères de son père, l'héritage passait aux parents les plus proches.

Une publication récente de M. le missionnaire Casalis, qui a passé vingt-trois années au milieu des tribus sauvages du sud de l'Afrique, chez les descendants de Cham, atteste la puissance des traditions et des usages et leur durée à travers les siècles. Ce missionnaire a retrouvé, au sein de ces peuplades, *le droit d'aînesse* exercé comme chez les Hébreux, s'appuyant sur les mêmes motifs et entraînant pour celui qui est appelé à en profiter les mêmes obligations. Ce n'est pas le seul point de ressemblance signalé par M. Casalis. Le respect pour les étrangers, la cérémonie de la circoncision, l'offrande aux dieux d'une partie des produits de la terre, les dons faits par l'époux lors du mariage, se retrouvent aussi chez plusieurs tribus de l'Afrique méridionale. Ce qui confirme encore ces traditions, ce sont les nombreux rapports d'origine, indiqués dans cet ouvrage intéressant, entre la langue de certaines de ces tribus et la langue hébraïque.

Faut-il s'étonner, après cela, que les Israélites, peuple essentiellement commerçant et voyageur, dont l'histoire est mêlée à celle de tant de peuples de l'antiquité, aient laissé dans les pays où ils ont séjourné des traces de leurs institutions et de leurs usages?

Nous l'avons déjà vu, en parlant du mariage, l'union entre parents était recommandée par la loi de Moïse. Par suite du partage égal des terres et de la division des biens entre les familles, il était ordonné au plus proche parent d'épouser l'héritière. Platon adopta ces dispositions (Rép., liv. VIII) qui passèrent dans les lois des Athéniens.

Ce chapitre fournit une réponse péremptoire à une objection soulevée par la critique contre l'unité de rédaction de la loi mosaïque. Les quatre premiers livres de la loi des Hébreux manquent, dit-on, d'ordre et de suite; ils ne peuvent pas être l'œuvre d'un seul rédacteur. On reconnaît qu'ils renferment des documents remontant à un âge très-reculé, dont quelques-uns peuvent bien se rapporter à Moïse ou à de savants israélites qui l'accompagnèrent et qui travaillèrent avec lui à constituer le peuple d'Israël; mais si Moïse avait, lui seul, rédigé ces lois, il y aurait mis plus d'ordre, il ne se serait pas répété aussi souvent.

D'après Richard Simon, ce serait Esdras qui aurait colligé les documents anciens et leur aurait donné un ordre nouveau, sans néanmoins rien changer au contexte.

Eichhorn explique le désordre que l'on remarque dans l'Exode, le Lévitique et les Nombres par cette considération que ces livres sont le récit de la marche du peuple d'Israël, récit noté, chaque jour, par le législateur hébreu.

Cette explication nous paraît parfaitement vraie, et nous sommes surpris qu'elle ait été rejetée comme insuffisante par quelques écrivains d'un incontestable mérite.

Le sujet que nous avons traité dans ce chapitre serait, à lui seul, une démonstration complète de l'opinion d'Eichhorn.

Comment arrivent, dans le livre des Nombres,

les dispositions claires et précises se référant aux droits successoraux? Pendant la marche dans le désert, un Israélite est décédé ne laissant point d'enfants mâles. Ses filles viennent demander leur part dans le partage des terres. Moïse n'est pas fixé; il hésite; il demande du temps; il faut qu'il se recueille, qu'il aille vers son Dieu. Il en reçoit une réponse pleine de sagesse, et cette réponse est, à l'instant, consignée dans son livre. On le voit, la loi mosaïque ne se déroule qu'à mesure que les faits se produisent.

Moïse n'est pas un penseur se penchant, chaque jour, sur ses livres et préparant d'avance un ensemble de dispositions législatives savamment liées et coordonnées. Il a bien le temps de méditer! A la tête de ce peuple si souvent rebelle, de ce peuple qui, dans mille circonstances, ne comprend pas son libérateur et cherche à s'éloigner de lui, à la fois chef politique, chef militaire, législateur, Moïse, — tous ses livres en font foi, — n'a rien préparé: il travaille au jour le jour. Le peuple, dans sa marche vers Canaan, doit traverser un territoire, Moïse fait demander le passage; il est obligé de combattre: ses mesures sont bientôt prises; le peuple se battra en quelque nombre qu'il soit et quelque puissant que soit l'adversaire; Dieu combattra avec son peuple. Dans cette longue et magnifique entreprise de la délivrance des Hébreux, tout est imprévu, tout est dans les mains de Dieu. Si, dans un aussi grave sujet, nous ne devions pas mesurer les termes, nous dirions, avec ceux pour qui Dieu n'est rien, tout, dans l'œuvre de Moïse, est livré au hasard. Les filles de l'Israélite mort dans le désert soumettent à Moïse une question d'hérédité : il a fallu ce fait pour que le législateur fixât l'ordre des successions. Il suffit, ce semble, de lire, sans parti pris, sans système arrêté, les livres de Moïse pour se convaincre que l'explication du savant Eichhorn est parfaitement rationnelle.

Qu'Esdras ait rétabli les ordonnances de la loi, qu'il ait donné à la législation mosaïque une nouvelle importance, en ordonnant, avec l'autorité dont il fut revêtu, leur observation, nous ne chercherons pas à le contester. La Bible elle-même nous apprend que, après les guerres terribles dont le Peuple élu et la sainte Cité furent victimes, certains Israélites avaient suivi les mœurs et les coutumes des peuples voisins. Cependant, parmi les prisonniers qui furent conduits dans les États du vainqueur, se trouvaient des hommes dont la loi de Moïse avait été la principale étude. Artaxercès ne dédaigna pas de les entendre. Lorsqu'il connut mieux les institutions mosaïques, ce grand monarque chargea Esdras de rétablir la loi, de la faire observer par le peuple d'Israël.

Il ne s'agissait pas, pour Artaxercès et pour Esdras, d'une loi nouvelle, d'une loi corrigée, modifiée. Esdras ne s'attribua jamais le mérite d'avoir changé quelque chose à la loi et, d'un autre côté, Artaxercès savait bien quelle loi il chargeait Esdras de faire observer, car, en lui donnant ses lettres patentes, il parle ainsi de la loi des Israélites : « *La loi de ton Dieu, laquelle tu as en ta main.* »

Lorsqu'on a des textes aussi formels, aussi clairs, pourquoi se livrer à des conjectures, à des hypothèses? Pour repousser l'inspiration divine, alors d'ailleurs qu'on ne peut plus nier l'existence du texte dans les temps les plus reculés de l'histoire du monde, on est obligé de chercher des explications vulgaires aux faits que les Livres saints nous présentent comme surnaturels, sans s'inquiéter si ces explications elles-mêmes ne sont pas plus difficiles à admettre que l'affirmation du fait, telle que le livre la donne.

Si l'on ne veut accepter que ce qui se voit et se démontre rigoureusement, si l'on veut que tout fait puisse s'expliquer et se prouver comme une proposition de géométrie, le cœur, le sentiment, la conscience ne deviennent plus qu'un froid mécanisme; il n'y a plus de place au foyer de la vie intérieure pour les saints enthousiasmes, pour les élans de l'âme, pour les sublimes inspirations. La foi n'est plus alors ce don de Dieu qui, de tout temps, a enfanté des prodiges.

Quoiqu'on en puisse dire et sans mépriser la valeur du syllogisme, la puissance de la raison, nous croyons qu'il y a en l'homme d'autres éléments de conviction tout aussi dignes d'admiration et de confiance. La lecture d'un chapitre de la Bible faite dans un esprit sérieux et non pour y chercher des difficultés ou des armes pour la critique, procure à l'âme une assurance, une confiance en la vérité de Dieu qui sont aussi fortes que les raisonnements les plus serrés. Ce cri de notre âme qui répond à la voix du ciel, ce mystérieux et saint rapport qui s'établit entre Dieu et la conscience de l'homme, réchauffent le cœur, entraînent la conviction et lui donnent une force, une puissance de discernement et d'activité que la plus exacte démonstration mathématique ne saura jamais produire. « Le » cœur, dit Pascal, a des raisons que ne com- » prend pas la raison. »

VIII.

DU PRÊT.

Le prêt, chez les Israélites, était purement un contrat de bienfaisance. Le prêteur ne pouvait retirer aucun intérêt *ni pour l'argent, ni pour les soins, ni pour quelque chose que ce soit qu'on puisse prêter à intérêt.*

Il était permis cependant de retirer un intérêt des choses prêtées à l'étranger. Le prêt n'était alors qu'une affaire de trafic où le gain n'était pas défendu. Il y avait, dans cette disposition, un avantage commercial pour l'Israélite; mais le législateur des Hébreux avait pour but principal de rendre moins faciles les rapports des étrangers avec le peuple de Dieu. Il s'agissait, avant tout, de conserver la pureté de la foi et d'empêcher l'introduction des idées païennes en Canaan.

Les lois de la Grèce permettaient le prêt à intérêt ; les lois romaines l'autorisaient à raison d'un pour cent par mois (loi XXIe de la 3e Table). On connaît les diverses théories émises par les économistes sur l'importante question de la fixation légale du taux de l'intérêt. Jusqu'à présent, notre législation française autorise le prêt à cinq pour cent par an en matière civile et à six pour cent en matière commerciale.

Le prêt, chez les Hébreux, pouvait être assorti de certaines garanties afin d'assurer la restitution des objets prêtés. Le prêteur pouvait demander un gage, mais il était recommandé à l'Israélite de ne pas se détourner de celui qui demandait à emprunter, n'eût-il aucune garantie à fournir.

Lors de l'année de relâche, — c'est-à-dire tous les sept ans, — la dette se trouvait éteinte; le prêteur perdait ses droits. Lorsqu'on demandait à emprunter, l'Israélite ne devait pas s'arrêter à considérer combien il y avait de temps à courir jusqu'à l'année de relâche. « Prends » garde à toi qu'il n'y ait cette pensée dans ton » cœur et que tu ne dises : La septième an- » née, qui est l'année de relâche, approche, — » et que ton œil, étant sans pitié envers ton frère » qui est pauvre, pour ne lui rien donner, il

» ne crie contre toi à l'Eternel et qu'il n'y ait » en toi du péché » (Deut., XV, 9).

Le chapitre XXIV du Deutéronome nous donne une preuve de l'intérêt que la loi de Moïse portait au sort de l'indigent. Il nous fait connaître les devoirs de celui qui prêtait sur gage : il ne devait pas entrer dans la maison de l'emprunteur pour se saisir lui-même du gage. Ainsi se trouvaient évitées ces luttes scandaleuses entre un débiteur malheureux et un impitoyable créancier. Le temps n'est pas encore bien éloigné où il était reçu de mettre à la porte le créancier qui venait réclamer ce qui lui était dû, ou de frapper l'agent de la loi chargé de recouvrer la créance. Il n'y a rien d'exagéré dans cette scène où Chicaneau déclare ne connaître d'autre procédé que le bâton pour savoir si l'Intimé est un véritable sergent! « Tôt donc! (s'écrie l'Intimé) frappez! j'ai quatre enfants à nourrir. »

Mais si le créancier ne pouvait pas saisir son gage dans la demeure du débiteur, la loi faisait une obligation à celui-ci d'apporter le gage dehors.

Cette garantie d'inviolabilité pour l'asile de la famille est l'œuvre d'une profonde sagesse. La maison était comme un sanctuaire qu'il n'était pas permis de profaner. Le père de famille, respecté chez lui par sa compagne, par ses enfants, par ses serviteurs, par les étrangers et même par ses créanciers, est établi par la loi de Moïse comme le conservateur de ces traditions patriarcales dont la Bible nous offre, en plusieurs passages, l'intéressant tableau.

Nous retrouvons ce respect de la maison dans la législation romaine. Elle défendait même d'entrer dans la demeure de l'adversaire pour l'appeler en justice. L'appel en justice était considéré comme une action violente.

Notre législation française a toujours autorisé l'agent de la loi à entrer, pendant le jour, dans la maison du père de famille pour l'appeler en justice, mais non point pour le contraindre par corps pour dettes. Il faut, pour ce dernier acte, l'assistance d'un magistrat.

Le prêt sur gage était connu des Romains. Le mot *pignus,* gage, venait, dit Caïus, de *pugnus,* poing, parce que les choses qui se donnaient de cette manière étaient livrées de la main à la main, *quia res quæ pignori dantur, manu traduntur*.

Chez les Hébreux, si le gage était un objet essentiel à la vie, le créancier devait le remettre lorsque son usage devenait nécessaire au pauvre. « Tu ne manqueras pas de lui rendre le gage » aussitôt que le soleil sera couché, afin qu'il » couche dans son habit et qu'il te bénisse. »

Nos lois de la procédure civile déclarent insaisissables le coucher nécessaire aux débiteurs, les habits dont ils sont vêtus et couverts.

La loi de Moïse défendait au créancier de se saisir, pour gage, des deux meules, non pas même de la meule de dessus. C'eût été prendre pour gage *la vie de son prochain*. La prohibition correspondante, dans notre droit français, s'applique *aux outils nécessaires à l'occupation personnelle du débiteur*, *aux farines et menues denrées nécessaires à la consommation du débiteur et de sa famille* pendant un mois. Chaque Israélite préparant la farine et le pain pour sa famille, il était indispensable que les meules restassent dans la maison.

Le vêtement de la veuve était chose inaliénable et ne devait jamais être donné en gage.

Toutes ces prescriptions sont empreintes d'un cachet de justice, de sagesse et de profonde charité que nous ne trouvons pas dans les lois dures et impitoyables de l'antiquité païenne.

L'amour de Dieu, le respect pour sa loi, l'amour du prochain qu'il fallait traiter comme on désirait être traité soi-même, tels étaient les principes fondamentaux de la loi de Moïse. Ces principes sont admirablement résumés dans ces commandements : « Tu aimeras le Seigneur ton Dieu de tout ton cœur, de toute ton âme et de

» toute ta pensée. Tu aimeras ton prochain » comme toi-même. »

Elevée sur d'aussi saintes bases, la législation mosaïque ne devait pas considérer le prêt comme pouvant conduire, en cas d'inexécution de la convention, à une peine corporelle. Les sociétés païennes ne conçurent pas non plus tout d'abord l'idée que le corps du débiteur pût être responsable d'une somme empruntée; mais bientôt la grande loi de l'intérêt public l'emporta sur les sains principes du juste et du vrai et l'individu fut sacrifié à la société.

Nous avons quelquefois entendu soutenir que le mosaïsme était essentiellement socialiste et s'occupait très-peu de l'individu. C'est là, à notre avis, une grande erreur. Aucune législation ne s'est plus intéressée à la famille, à l'individu, que la loi de Moïse. Le sort de la veuve, de l'orphelin, de l'indigent, fixe, à chaque page, l'attention. Le respect pour le vieillard, la remise de la dette à des époques déterminées, et tant d'autres dispositions protectrices de l'individu, démontrent suffisamment que le reproche d'excessif socialisme adressé à la loi de Moïse n'est pas fondé.

Interest reipublicæ, tel est le mobile qui finit par prévaloir à Rome. Il importe à la chose publique que le débiteur se libère : dès lors il y sera contraint par tous les moyens possibles, même par l'expropriation de sa personne, si l'on peut ainsi dire ; il appartiendra corps et biens au créancier.

On connaît la rigueur du droit romain à l'égard du débiteur ; il nous suffira de citer les dispositions suivantes :

Loi XXIVe à la 3e Table : « Si le débiteur re-
» fuse de payer sa dette et que personne ne se pré-
» sente pour le cautionner, son créancier pourra
» l'emmener chez lui, le lier par le cou et lui
» mettre les fers aux pieds, pourvu que la chaîne
» n'excède pas le poids de quinze livres. »

Loi XXVIIe à la 3e Table : « Si le débiteur est
» insolvable à l'égard de plusieurs créanciers,
» ils pourront, après le troisième jour de mar-
» ché, mettre son corps en pièces et le parta-
» ger impunément en plus ou moins de par-
» ties, ou bien les créanciers pourront vendre
» leur débiteur aux étrangers qui habitent au
» delà du Tibre. »

Ces lois si dures, introduites dans la législation romaine, tenaient, selon de graves autorités, à l'opposition que faisaient les décemvirs à l'établissement du principe démocratique.

Ce n'est pas sans étonnement qu'on lit dans Aulugelle la justification de ces prescriptions barbares. Elles avaient pour résultat, dit Cécilius, d'empêcher qu'on n'empruntât au-dessus de ses facultés.

Après avoir essayé d'excuser cette loi cruelle, Cécilius met en doute qu'elle ait jamais été appliquée. Selon quelques jurisconsultes, ce partage du débiteur à morceaux ne devait pas s'entendre à la lettre : il n'aurait signifié autre chose que la division entre les créanciers du prix de la vente de leur débiteur. Ce qui nous a été conservé de la loi des Douze Tables ne permet pas cette indulgente interprétation. La loi qui permettait au père de tuer son fils pouvait bien permettre au créancier de disposer de la vie de son débiteur.

D'après Plutarque, Solon s'appliqua à faire disparaître d'Athènes les rigueurs exercées contre les débiteurs insolvables. Il fit admettre dans ses lois que personne ne serait poursuivi par corps pour dettes civiles. (Plutarque, *Vie de Solon.*)

N'y a-t-il pas encore dans la contrainte par corps, toute modifiée qu'elle est par nos lois françaises modernes, un reste du pouvoir exorbitant donné au créancier sur la personne du débiteur?

La loi française, s'inspirant de plus en plus des idées chrétiennes, réforme, d'âge en âge, l'économie de cette dure législation. Il appartenait à un gouvernement qui s'occupe avec tant de sollicitude des affaires publiques, qui a édicté, en quelques années, tant de lois d'utilité pratique, d'apporter un nouveau tempérament à l'exécution de la contrainte par corps. Le débiteur incarcéré, nourri aux dépens de son créancier, ne recevait qu'une allocation insuffisante. Une loi récente a élevé le taux de la consignation que doit effectuer le créancier. Il est évident que la contrainte par corps tend à disparaître de nos institutions, mais on ne saurait blâmer les sages précautions, les ménagements qu'emploie le législateur. Tout ce qui touche au crédit public ne doit être modifié qu'avec une prudente réserve.

Ces lignes étaient depuis longtemps écrites lorsque le discours de l'Empereur, à l'ouverture de la session législative de 1865, a fait connaître l'intention généreuse du gouvernement au sujet de la contrainte par corps en matière civile et commerciale. La loi qui élève le taux de la consignation prépare à cette mesure. La contrainte par corps pour dette civile et commerciale est peu à peu abandonnée. Ses résultats n'aboutissent, le plus souvent, qu'à humilier le débiteur et sa famille sans profit pour le créancier.

Dans le but de payer sa dette, le débiteur

israélite avait la faculté de louer ses services, mais seulement pour un temps déterminé par la loi. Nous nous occuperons, dans le chapitre suivant, de cet engagement et de la position que la loi de Moïse faisait aux serviteurs.

IX.

DES SERVITEURS.

L'une des causes les plus fécondes de l'erreur, c'est assurément de vouloir juger les idées, les lois et les usages des siècles reculés, par les idées, les usages et les lois du siècle où nous vivons.

Tout le monde s'accorde à reconnaître la sagesse, la haute raison, l'esprit libéral de Montesquieu : cependant il pensait, il écrivait qu'un prince ne pouvait pas tolérer plusieurs religions dans ses Etats. Il ne voulait pas être accusé d'avoir dit qu'*il ne fallait point punir l'hérésie.* Profond philosophe et grand légiste, cet homme illustre payait, lui aussi, son tribut aux idées de son siècle, et nous serions injustes si nous mesurions ses pensées à la mesure de nos mœurs actuelles.

Il ne faut pas non plus donner toujours aux expressions employées autrefois le sens qu'elles ont aujourd'hui. « A quoi tiennent souvent les » plus grandes erreurs! s'écrie un philosophe. » Un seul mot négligé, une seule idée mal dé» mêlée, suffisent pour faire tout le mal, en » corrompant les sciences dans leur source. »

Pour nous, l'esclave est cet être voué à toutes les infortunes, qui est traîné, comme le bétail, de marché en marché, vendu au plus offrant enchérisseur, qui subit fatalement le sort auquel son acheteur veut le vouer et qui meurt, avant le temps, accablé sous le poids des plus durs travaux, s'il ne succombe pas sous les coups de son cruel possesseur. Voilà l'idée qu'on se fait, de nos jours, de l'esclave. L'oncle Tom est le type de cette pauvre créature à laquelle tant de gens refusent encore le titre d'homme.

Cet esclavage dur, odieux, qui laisse complétement le serviteur à la merci de son maître, existait-il chez les Hébreux? Nous n'en trouvons aucune trace dans la loi de Moïse. Cette loi si humaine, si bonne envers l'indigent, l'orphelin, la veuve, aurait-elle fait divorce avec ces grands principes d'humanité pour livrer, sans défense, le serviteur à la cupidité, à la méchanceté de son maître? Moïse répond à ces questions par ce solennel avertissement adressé à son peuple : « Qu'il te souvienne que tu as été esclave au pays d'Egypte et que l'Eternel ton Dieu t'a racheté! »

Cependant l'esclavage existait dans la loi mosaïque. Quelle était sa cause et quelle était la condition de l'esclave?

Chaque Israélite devait faire fructifier, de son mieux, le lot qui lui avait été affecté dans le partage des terres; mais, pas plus sous la loi de Moïse que chez les Romains, il ne fut possible de conserver l'égalité de fortune et de position, rêve de tant d'utopistes. Il y eut des pauvres chez les Hébreux, il y en eut chez tous les peuples. « Vous aurez toujours des pauvres avec vous! » La loi de Moïse, qui plaçait, avec raison, le travail au rang des premiers devoirs de l'Hébreu, autorisa le débiteur malheureux à se libérer honorablement en vendant son travail pendant un certain nombre d'années. Le vendeur entrait dans la maison du maître et participait à ses travaux, mais il était placé là sous la protection de la loi. Ainsi, le repos du septième jour était prescrit pour le serviteur comme pour le maître : « Tu ne feras aucun » travail en ce jour-là, ni toi, ni ta femme, *ni* » *ton serviteur, ni ta servante.* »

Le maître n'était pas propriétaire du serviteur; nous verrons bientôt qu'il ne pouvait le retenir que pendant un temps déterminé. S'il se laissait emporter jusqu'à le frapper rudement, le maître était puni par la perte de son serviteur, car, s'il lui *gâtait un œil* ou s'il lui *cassait une dent*, le serviteur, par ce fait, recouvrait sa liberté; le maître ne pouvait plus le retenir; le serviteur était libéré, à moins qu'il n'intervînt de nouvelles conventions entre eux.

Le service de l'Israélite ne devait durer que six ans. La septième année, il avait le droit de sortir sans rien payer: sa dette se trouvait soldée.

Si le serviteur était marié, sa femme sortait de service en même temps que lui.

Ces dispositions, écrites au chapitre XXI de l'Exode, suffisent pour affirmer que, si l'esclavage était autorisé chez les Hébreux, la condition de l'esclave était loin d'être aussi dure que chez les autres peuples de l'antiquité. Ce n'était, en réalité, qu'un louage de services pour un temps.

Pendant les six années du louage, le maître pouvait donner une femme à son serviteur. Si, de cette union, naissaient des enfants, ils appartenaient au maître, mais l'esclave avait toujours le droit de sortir, quand arrivait la septième année. Cette disposition se rattache aux principes posés par la loi de Moïse quant au mariage. Ce n'était pas, nous l'avons vu, un contrat indissoluble : le mari pouvait renvoyer sa femme et rompre, à sa volonté, le pacte conjugal. Si donc la femme qui avait été donnée au serviteur ne lui convenait pas, si la famille ne lui inspirait pas d'affection, il pouvait sortir de la maison de son maître à l'expiration des six années de service.

Il arrivait souvent que le serviteur préférait sa femme et ses enfants à l'affranchissement. Il devait alors s'attacher à eux et à son maître par un contrat indissoluble. Ce contrat se formait devant les juges et, pour qu'il en restât un signe extérieur, le maître perçait, avec une alêne, l'oreille du serviteur. Celui-ci était, dès ce moment, attaché pour toujours à sa femme, à ses enfants, à son maître.

Le père avait le droit de vouer sa fille au service d'autrui. L'engagement ne se rompait pas, de plein droit, à l'expiration de la sixième année. Le maître devait à la servante les plus grands égards. Si elle déplaisait à son maître, il pouvait la faire acheter par un autre, jamais par un étranger; elle devait rester au sein du peuple hébreu.

Si le maître donnait sa servante pour fiancée à son fils, il devait lui remettre, en même temps, tout ce qu'il était d'usage que le père de famille israélite donnât à sa fille. Prenait-il lui-même une autre servante, la loi lui imposait l'obligation de fournir à la première la nourriture et les vêtements, et de la traiter avec affection.

Ces obligations devaient être exactement remplies par le maître, sous peine de perdre sa servante. Celle-ci avait le droit de sortir *sans payer aucun argent* si son maître ne lui fournissait pas la nourriture et les vêtements nécessaires et n'avait pas pour elle les égards que prescrivait la loi. « Le magistrat doit veiller, » dit Montesquieu, à ce que l'esclave ait sa nour- » riture et son vêtement : cela doit être réglé » par la loi. »

L'esclave athénien était traité avec douceur. Les premières lois romaines prescrivaient de traiter les esclaves avec humanité; mais ces préceptes ne furent pas longtemps suivis à Rome.

L'esclavage ne fut jamais dur chez les peuples qui firent du travail de la terre leur principale occupation. Lorsque le maître associe ses serviteurs à ses travaux et leur fait partager sa bonne comme sa mauvaise fortune, le service n'a rien d'humiliant et d'insupportable; mais lorsque le maître ne considère l'esclave que comme le jouet de ses caprices, comme l'instrument de sa vanité, le serviteur est toujours tenté de se révolter. Il faut que la loi intervienne pour protéger le maître. Aussi voit-on que, lorsque le luxe se fut démesurément introduit chez les Romains, il fallut édicter les lois les plus sévères contre les esclaves. Si le maître était tué, tous les esclaves qui se trouvaient dans la maison étaient condamnés à mort, quand même ils auraient pu prouver leur innocence. Le maître était-il tué dans un voyage, tous les esclaves qui étaient restés avec lui et tous ceux qui s'étaient enfuis étaient condamnés à mort.

On sait à quelles terribles luttes ces lois cruelles donnèrent lieu. Les esclaves organisés et armés troublèrent souvent la sûreté du peuple romain.

L'histoire du peuple hébreu ne fournit aucun trait de ce genre. On y voit, au contraire, la preuve que le maître et le serviteur vivaient en bonne intelligence et échangeaient de bons rapports.

Montesquieu trouve bien rude la loi de Moïse qui, tout en infligeant une punition au maître quand l'esclave mourait sous ses coups, le déclarait absous lorsque l'esclave survivait un jour ou deux. La loi mosaïque recherchait, avant tout, dans un fait incriminé, l'intention. L'esclave n'était pas livré au caprice du maître, puisqu'il recouvrait immédiatement sa liberté lorsque le maître le traitait trop durement. On ne pouvait pas supposer facilement que le maître eût l'intention de tuer son serviteur, puisqu'il se privait ainsi de services qu'il avait achetés.

Si les coups étaient tellement forts que l'esclave en mourût, le fait lui seul faisait supposer l'intention; mais si l'esclave survivait quelque temps, on ne devait pas croire que le maître eût voulu lui porter un coup mortel.

Ces dispositions, du reste, n'étaient pas exclusivement écrites pour le serviteur. On voit au chapitre XXI de l'Exode que, si un Israélite rudement frappé ne mourait pas sous les coups et pouvait se lever, marcher avec un bâton, il n'y avait à infliger à celui qui avait frappé d'autre punition que des dommages-intérêts envers la victime. La loi ne voyait encore là que l'intention. Quant à la réparation envers l'esclave ou sa famille, la loi n'en accordait pas puisque le travail du serviteur appartenait au maître. Le temps de service représentait *l'argent* prêté à l'esclave.

En résumé, le maître était puni si le serviteur mourait sous ses coups. En portant des coups moins violents, le maître s'exposait à perdre son serviteur, qui recouvrait sa liberté si son œil ou ses dents étaient endommagés. Si le serviteur se relevait, il n'y avait pas de punition proprement dite, parce que le juge ne pouvait pas supposer que le maître eût voulu se priver de son serviteur, *de son argent.*

Le serviteur n'était donc pas un être à part, fatalement voué au malheur, exposé à subir pour toujours tous les caprices du maître. Ce n'était pas l'esclavage tel que nous nous le représentons aujourd'hui.

Le serviteur devenait bien souvent l'ami, le confident de la famille. La Bible nous en offre une preuve bien touchante dans le choix que fit Jacob de l'un de ses serviteurs pour lui confier le soin d'amener une épouse à Isaac. Quel témoignage de confiance de la part du maître! Quel dévouement, quelle fidélité de la part d'Eliézer!

X.

DE LA PREUVE DES CONTRATS.

Nous avons recherché et presque codifié les principaux objets de transaction dérivant des rapports des Israélites entre eux. Nous sommes naturellement conduit à rechercher maintenant de quelle manière ces transactions étaient constatées.

Le XXXIIe chapitre de Jérémie nous fournit, à cet égard, les renseignements nécessaires.

Pendant le siége de Jérusalem par les troupes du roi de Babylone, Jérémie, étant prisonnier dans la maison du roi de Juda, vit arriver Hanaméel, fils de son oncle, qui venait lui demander d'acheter son champ d'Anathoth, dans le territoire de Benjamin, en vertu de son droit de retrait lignager. Jérémie accepta cette proposition et commença par peser, à la balance, l'argent qui formait le prix de cette possession. Des témoins furent appelés et Jérémie écrivit, en leur présence, le contrat d'acquisition. Ce titre fut fait en double dont l'un resta ouvert et l'autre fut cacheté. Les témoins signèrent ces actes et, en présence de Hanaméel, des témoins qui *s'étaient souscrits* dans le contrat et des autres Israélites assis dans la cour de la prison, Jérémie remit les deux doubles à une tierce personne chargée de conserver avec soin ce dépôt. Voici le commandement adressé à Baruc en lui remettant ces titres : « Prends ce contrat-ci, » savoir, ce contrat d'acquisition qui est cacheté » et ce contrat qui est ouvert, et mets-les dans » un pot de terre, afin qu'ils puissent se con- » server longtemps. »

Après ces formalités, Jérémie adresse une prière à Dieu, et, dans son acte d'adoration, il rappelle que, malgré les menaces terribles faites aux habitants de la Judée, on pourra encore acheter des champs à prix d'argent, « *en » écrire les contrats, les cacheter et prendre des » témoins.* »

Lorsque la convention devait se continuer jusqu'à une époque éloignée, il fallait donc un *contrat*. Ce contrat était fait en *double*, en présence de *témoins* qui y apposaient leur *signa-*

ture. Enfin le titre était remis à *un tiers qui se chargeait de le conserver*.

Un contrat, des témoins qui y assistent et qui le signent, une rédaction faite en double, le sceau ou cachet apposé à l'acte, un dépositaire chargé de le conserver, ont toujours été, depuis la loi de Moïse, des formalités essentielles à la preuve des transactions. Suétone nous apprend que, du temps de Néron, tout acte pour lequel on n'avait pas appelé de témoins et qui n'avait pas été scellé avec de la cire, n'avait aucune valeur et ne pouvait avoir aucun effet.

Tout le monde sait que, aujourd'hui encore, la présence de témoins est nécessaire pour la validité des actes notariés; que les actes sous *seing privé* doivent être faits en double lorsqu'ils renferment des conventions synallagmatiques; que les copies des actes notariés destinées à ramener à exécution les conventions, doivent être scellées du sceau de l'Etat.

TROISIÈME PARTIE.

Lois pénales.

TROISIÈME PARTIE.

Lois pénales.

I.

NOTIONS PRÉLIMINAIRES.

Les lois pénales transmises par Moïse au peuple d'Israël ne sont, pas plus que les lois civiles, classées suivant une codification régulière. Les applications des grands principes du Décalogue surgissent, dans le Pentateuque, en même temps que les faits divers qui durent éveiller l'attention du législateur.

Après ce que nous avons déjà vu de la législation des Hébreux, on doit comprendre que ce qui prédomine dans les observances sanctionnées par une peine, c'est le respect pour Dieu, pour le culte, pour les cérémonies de la loi.

Nous verrons quels châtiments terribles étaient réservés à celui qui persistait à mépriser la loi de Dieu.

Les fautes légères, ce qu'on appelle, dans la langue du droit moderne, les contraventions, étaient réparées par un sacrifice à l'Eternel. C'était l'amende avec une consécration religieuse. Cette sorte d'expiation s'exerce encore de nos jours. Il arrive quelquefois que celui qui a été offensé ou qui a éprouvé un léger dommage se contente d'exiger de la partie adverse une certaine somme pour une œuvre de charité.

Il était naturel que l'expiation de la faute se fit au moyen d'objets que l'Israélite avait le plus à sa portée.

La punition de la faute légère a consisté plus tard en journées de travail et ce mode s'est conservé dans nos lois jusqu'à la rédaction du Code pénal qui a adopté la réparation pécuniaire comme plus en harmonie avec nos mœurs. Cependant, dans les modifications apportées récemment au Code forestier, le législateur a autorisé, pour certains cas, le délinquant à se libérer de l'amende en journées de travail.

Les fautes commises par tout le peuple ou par une partie du peuple devaient être lavées par un sacrifice spécial qui s'appelait *l'offrande pour le péché*; il différait du sacrifice appelé *con-*

tinuel en ce que celui-ci était offert tous les jours à l'Eternel et se faisait toujours avec deux agneaux *d'un an, sans tare*, tandis que le premier était ordonné lorsque le peuple avait à se repentir d'une faute particulière.

Les sacrifices par le feu sont appelés dans le Lévitique l'offrande *pour le délit*.

Nous n'entrerons pas dans le détail minutieux des différentes espèces de sacrifices et de toutes les prescriptions de la loi de Moïse à cet égard.

La loi devait être fidèlement observée. Les commandements de l'Eternel n'étaient jamais purement comminatoires. Il ne faut pas chercher toujours la sanction pénale à côté de la prescription ou de la défense. Une disposition générale avertit que la loi ne parle pas en vain. La sanction se trouve dans les sacrifices, dans les expiations pour le péché que les anciens du peuple prononçaient, aidés, dans les cas difficiles, par les lévites.

De grandes bénédictions étaient accordées à celui qui observait la loi de Dieu et, par contre, de terribles malédictions pesaient sur les Israélites rebelles.

La lecture du XXVIe chapitre du Lévitique, rapprochée des événements qui forment l'histoire des Hébreux, est bien de nature à faire impression sur l'homme de bonne foi. Cette histoire n'est-elle pas, selon la conduite de ce peuple, la réalisation tantôt des promesses faites à sa fidélité, tantôt des menaces attachées à son infidélité?

La loi prescrivait le plus grand respect pour le juge.

Il était recommandé au juge de ne pas considérer la position de celui qu'il était appelé à juger. Le sort du pauvre, quelque intéressant qu'il lui parût, ne devait pas le déterminer dans son jugement.

Enfin, un grand principe, en matière de pénalité, devait guider le juge, bien qu'il ne pût pas, dans toutes les circonstances, en faire l'application. Ce principe est écrit dans le XXIe chapitre de l'Exode, au verset 24 : *œil pour œil, dent pour dent, main pour main, pied pour pied.* Les lois de Solon avaient adopté cette règle pour fondement des lois pénales : elles établissaient une parfaite égalité entre l'offense et la punition. Celui qui avait cassé un bras ou brisé une main devait donner *bras pour bras ou main pour main*. Les décemvirs s'emparèrent de ces prescriptions, qui étaient encore en vigueur du temps de Caton : « Si quis membrum rupit aut » os fregit, *Talione* proximus cognatus ulcisci» tur. » (*Histoire de la Jurisprudence romaine*, page 148.)

En étudiant les lois de Moïse, on y reconnaît, bien distincts, trois grandes classes de fautes et trois genres de pénalité :

1° La faute sans intention. — L'absence d'intention coupable n'absolvait pas complétement celui qui avait commis une faute. Il ne subissait cependant ni peine corporelle, ni peine pécuniaire proprement dite; seulement il était tenu, pour se purifier, d'offrir des sacrifices à l'Eternel.

2° Le délit et ce que nous appelons, dans notre droit français, la contravention. — La peine du simple délit était, comme dans toutes les législations postérieures, une amende, une réparation, soit en journées de travail, soit en objets mobiliers, soit en argent.

3° Enfin le crime entraînant une peine corporelle ou la privation de certains droits.

Nous suivrons cette classification qui nous permettra de mettre plus d'ordre dans cette étude.

II.

DE LA FAUTE SANS INTENTION.

La faute commise sans intention ne pouvait devenir une faute aux yeux de l'Israélite que lorsqu'il en était averti; il ne portait pas le péché à cause de la faute elle-même, mais si, connaissant son péché, sachant que son cœur était sous le coup d'une faute, il ne l'expiait pas, il devenait coupable. « *Il y a du péché,* » est-il dit au chapitre cinquième du Lévitique; « *certainement il s'est rendu coupable contre* » *l'Eternel.* »

Le péché par erreur s'expiait par des sacrifices dont l'importance variait suivant la qualité et la fortune du délinquant. Le sacrificateur devait offrir un veau sans tare; c'était aussi un veau que devait sacrifier toute l'assemblée d'Israël lorsqu'elle avait péché par erreur. Si la faute avait été commise par l'un des principaux du peuple, il devait offrir un jeune bouc sans tare. Enfin, s'il s'agissait d'une personne du commun peuple, la loi avait égard à sa position de fortune : elle pouvait se dégager du péché en offrant en sacrifice une jeune chèvre sans tâche ou un agneau.

Pourvu que ces sacrifices fussent régulièrement accomplis, la conscience de celui qui n'était coupable que par erreur était purifiée, parce que, dit la loi, *cela était arrivé par erreur*.

Le meurtre involontaire, lorsque le meurtrier ne pouvait être considéré comme l'ennemi de la victime, n'était l'objet d'aucune poursuite de la part de la société. Seulement, comme, chez les Israélites, les parents de la victime avaient le droit de venger sa mort, le meurtrier, pour échapper aux poursuites du vengeur du sang, devait se rendre dans une ville de refuge. Là, il était à l'abri de toute atteinte. A la mort du souverain sacrificateur, l'auteur du meurtre involontaire pouvait rentrer en sa demeure, et personne n'avait de droit sur lui. Nous reviendrons sur cette institution du refuge, qui fut adoptée avec diverses modifications et mise en pratique chez plusieurs peuples.

Dans notre législation française, l'homicide par imprudence, maladresse, négligence, est puni d'un emprisonnement de trois mois à deux ans, et d'une amende de cinquante francs à six cents francs. S'il n'est résulté de la maladresse ou de l'imprudence que des blessures, l'emprisonnement est de six jours à deux mois, et l'amende de seize francs à cent francs.

III.

DU DÉLIT ET DE LA CONTRAVENTION.

L'Israélite qui se laissait emporter jusqu'à frapper son serviteur, lui *gâter l'œil* ou lui faire *tomber une dent*, n'avait pas le droit de le retenir à son service. Dans ce cas, la peine consistait en la perte du serviteur; mais si celui-ci succombait sous les coups du maître, le meurtrier devait être conduit devant les juges et recevoir une punition.

Si les coups donnés à une femme enceinte entraînaient l'avortement, le mari imposait lui-même l'amende que le coupable devait payer et les juges ne pouvaient que confirmer cette réparation. Si la mort de la femme s'ensuivait, *vie pour vie*. L'article 317 de notre Code pénal punit de la réclusion celui qui, par des violences, aura procuré l'avortement d'une femme enceinte.

Les coups qui obligeaient l'une des parties à se mettre au lit n'entraînaient aucune peine si le blessé pouvait se lever et sortir en s'appuyant sur un bâton. Dans ce cas, celui qui avait frappé devait dédommager son adversaire du temps de chômage qu'il lui avait occasionné et lui faire donner des soins jusqu'à ce qu'il fût complétement guéri.

Le Code pénal punit de la réclusion celui qui a usé de violences, s'il en est résulté une maladie ou une incapacité de travail pendant plus de vingt jours. Outre cette peine, des dommages-intérêts sont dus à celui qui a été mis dans l'impossibilité de travailler. Celui qui a jeté contre quelqu'un un corps dur, sans qu'il en soit résulté de blessures, est puni d'une simple amende.

Chez un peuple dont la principale occupation était la culture des champs, le soin et la conservation des animaux propres à l'agriculture devaient être l'objet de la sollicitude du législateur. En prescrivant une réparation équitable du mal ou du préjudice occasionné par un bœuf, la loi de Moïse obligeait implicitement le cultivateur à dompter de bonne heure le bœuf dont il devait se servir et à le surveiller avec soin.

Si un bœuf *connu pour heurter* de la corne tuait un autre bœuf, il était rendu *bœuf pour bœuf*.

Si c'était pour la première fois que le bœuf frappait de la corne et tuait un autre bœuf, le bœuf mort et le bœuf qui l'avait tué étaient vendus, et le prix en provenant était partagé entre les propriétaires de ces animaux.

Le Code pénal punit d'une amende le propriétaire de l'animal qui a tué ou blessé des bestiaux appartenant à autrui. La réparation pécuniaire du dommage est toujours de droit.

Le bœuf qui avait tué un homme ou une femme était lapidé, *sans nulle exception*.

Une loi de Dracon porte absolument la même disposition ; elle y ajoute la faculté pour le juge de condamner l'animal à l'exil. On conviendra qu'il aurait mieux valu s'en tenir simplement à la loi de Moïse.

La lapidation du bœuf était la peine que le propriétaire de l'animal encourait s'il n'avait pu empêcher l'événement, mais sa responsabilité et sa punition devenaient bien plus graves s'il lui eût été possible d'éviter ce malheur. Un bœuf était-il connu pour frapper de la corne, si le maître, averti de l'enfermer, ne l'avait pas fait, et que ce bœuf vînt à tuer quelqu'un, non-seulement les juges devaient faire périr l'animal, mais ils pouvaient encore prononcer la peine de mort contre le propriétaire. Que si la famille de l'Israélite qui avait succombé sous les coups du bœuf, consentait à laisser la vie au maître de l'animal, celui-ci devait donner, pour rachat de sa vie, tout ce qui lui était imposé. Nous avons vu que nos lois pénales ne sont pas aussi sévères pour l'homicide par imprudence.

La conservation des récoltes devait être l'objet de l'attention du législateur; aussi était-il défendu de laisser du feu hors des habitations. Si cette défense était violée et qu'une récolte sur pied ou en meule fût incendiée, celui qui avait allumé le feu devait l'entière réparation du dommage.

La loi de Moïse n'avait pas prévu le cas d'incendie volontaire : elle ne parle que de la communication d'incendie aux récoltes par du feu allumé hors des habitations. Cette omission a été remarquée, et Terrasson l'explique en disant que la loi de Dieu ne *présumait pas assez de la méchanceté des hommes pour les croire capables d'exciter, de propos délibéré, des incendies.*

Notre Code pénal défend d'allumer des feux dans les champs à moins de cent mètres des édifices, bois, meules, tas de grains, pailles, etc., etc..., sous peine d'une amende de cinquante francs au moins et de cinq cents francs au plus. Il punit de mort celui qui aura volontairement mis le feu à des édifices, navires, magasins et chantiers habités, et de la peine des travaux forcés à temps celui qui aura mis le feu à des récoltes.

La loi romaine condamnait l'incendiaire à être brûlé vif après avoir été d'abord emprisonné et fouetté.

Le dommage fait au champ d'autrui en y lâchant des bestiaux devait être réparé par le propriétaire de ces bestiaux en donnant du meilleur de son champ, du meilleur de sa vigne.

La loi romaine rapportée au commencement de la 7e Table, portait : « Si une bête a » causé du dommage dans un champ, que le » maître de la bête offre le dédommagement, » sinon qu'il livre la bête. » Cette dernière disposition était en usage dans l'ancien droit : c'est ce qu'on appelait *livrer la bête au dommage.*

Les art. 471 et 479 du Code pénal appliquent une amende à ces contraventions. Ils distinguent le cas où les animaux ont passé dans le champ d'autrui par suite de la négligence du gardien, du cas où ils auraient été conduits volontairement. La loi romaine faisait aussi cette distinction : « *Celui qui mènera ses troupeaux dans la moisson d'autrui...* » C'est tout ce qu'il nous reste de la loi XLIX à la 7e Table, en sorte que nous ne pouvons savoir quelle était la peine que les décemvirs avaient établie pour ce fait.

Si un Israélite tuait un animal domestique appartenant à autrui, il devait lui en rendre un autre de même valeur. C'était l'application du grand principe : fracture pour fracture, œil pour œil, dent pour dent (Lévit., XXIV, 18-23).

Immédiatement après cette règle, la loi de Moïse, comme si elle craignait que ses ordonnances à l'égard des étrangers n'eussent pas été bien comprises, répète : « *Vous rendrez un même » jugement; vous traiterez l'étranger comme celui » qui est né au pays.* »

Ainsi, toutes les dispositions pénales que nous venons d'analyser s'appliquaient aussi bien à l'étranger qu'à l'enfant d'Israël. « Tu ne » feras point de tort au mercenaire pauvre et » indigent d'entre tes frères, ou d'entre les » étrangers habitant en ton pays. » Ces prescriptions en faveur des étrangers sont presque toujours accompagnées d'un motif qui, en rappelant à l'Israélite le souvenir de ses mauvais jours au pays d'Egypte, devait entretenir dans son cœur des sentiments de justice et d'humanité : « Vous savez ce que c'est que d'être » étranger, parce que vous avez été étrangers

» au pays d'Egypte » (Exode, XXIII, 1-9).

Le droit de glaner et de grappiller, réservé à la veuve, à l'orphelin et à l'étranger, a passé, sauf diverses modifications, dans la législation de tous les peuples. Ce droit emportait l'obligation pour l'Israélite de ne pas moissonner le bout de son champ; de ne pas glaner lui-même ce qui restera sur le sol après que la récolte aura été enlevée; de ne pas cueillir sur la vigne les grappes qui auront échappé aux vendangeurs. La récolte des olives devait être accompagnée des mêmes précautions : les branches qui restaient éparses après la cueillette appartenaient à l'étranger, à l'orphelin et à la veuve.

Le glanage est pratiqué dans presque toute la France. « Dans les lieux où les usages de gla-
» ner, de râteler et de grappiller sont reçus,
» portait le Code pénal de 1791, les glaneurs,
» râteleurs et grappilleurs n'entreront dans les
» champs, prés et vignes récoltés et ouverts,
» qu'après l'enlèvement entier des fruits. »

L'article 471 de notre Code pénal consacre implicitement l'usage de glaner et de grappiller lorsqu'il punit d'une amende de 1 franc à 5 francs ceux qui auront glané, râtelé ou grappillé dans les champs *non encore entièrement dépouillés et vidés de leurs récoltes, ou avant le moment du lever ou après celui du coucher du soleil.*

Le propriétaire d'un champ soumis à l'usage du glanage avait autorisé la fille de l'un de ses ouvriers à glaner dans ce champ en déduction du salaire qu'il devait au père de la glaneuse. Investie de ce droit, cette fille entre dans le champ et commence à glaner avant que la récolte ne soit enlevée. Citée pour ce fait en justice, elle est acquittée sur le motif que le propriétaire l'avait autorisée à agir ainsi. Ce jugement a été cassé par la cour suprême parce que ce privilége « priverait ainsi les indigents, en » faveur desquels le glanage a été établi, des » ressources que l'humanité du législateur leur » a réservées. » Cette sage décision, rendue par la cour de cassation le 6 novembre 1857, semble une interprétation de la loi des Hébreux.

Les prescriptions si souvent rappelées dans le Deutéronome de ne pas jurer en mentant, de respecter le sourd et l'aveugle, de ne pas haïr, de ne pas médire, de ne pas se venger soi-même, ont passé aussi, sous des règles générales et avec des pénalités diverses, dans toutes les législations.

Le chapitre XIX du Deutéronome prescrit contre les faux témoins qui cherchent à faire condamner leur prochain la même peine qu'ils auraient voulu faire subir à l'accusé.

Les Grecs, quelque décriés qu'ils fussent sous

le rapport de la sincérité, avaient des peines très-sévères contre le faux témoignage. La loi condamnait le faux témoin à une amende considérable et le déclarait infâme.

Les décemvirs édictèrent la peine de mort contre le faux témoignage.

Ce crime est sévèrement puni par nos lois modernes. La peine est des travaux forcés ou de la réclusion suivant que le faux témoignage a été fait en matière criminelle, en matière correctionnelle ou en matière de simple police. Il y a là un rapport évident avec la loi de Moïse : la peine du faux témoin est, chez nous comme chez les Hébreux, proportionnée aux résultats que pouvait avoir le faux témoignage.

En matière civile, le faux témoignage est puni de la dégradation civique.

La loi mosaïque exigeait du vendeur d'objets qui se pèsent qu'il fît usage de balances justes. Cette prescription, inscrite au chapitre XIX du Lévitique, est rappelée comme règle importante au XXVe chapitre du Deutéronome (versets 13, 14 et 15) : « Tu n'auras » point en ton sachet deux sortes de pierres » pour peser, une grande et une petite. Il n'y » aura point aussi dans ta maison deux sortes » d'épha, un grand et un petit ; mais tu auras » des pierres à peser entières et justes ; tu auras

» aussi un épha entier et juste ;... car quiconque
» fait cela, quiconque fait cette iniquité est en
» abomination à l'Eternel ton Dieu. »

Les anciennes coutumes locales avaient, presque toutes, des dispositions pénales d'une rigueur extrême contre les marchands qui usent de poids et de mesures faux.

Notre Code pénal classe cette faute au rang des contraventions et lui applique une amende de 11 à 15 fr. avec confiscation des poids et mesures faux.

Le législateur du peuple d'Israël avait pris les moyens nécessaires pour faire régner les bonnes mœurs parmi les Israélites. Lorsque la réparation d'un fait de subornation d'une jeune fille ne pouvait s'effectuer, les coupables encouraient des peines très-sévères. Toutes les fois que la faute pouvait être réparée sans dommage pour la famille, sans scandale pour le peuple, la loi prescrivait cette réparation.

On reproche quelquefois aux lois françaises de n'avoir pas tenu assez compte de la possibilité de réparer une injure, en particulier de s'être peu occupées du sort de la jeune fille qui a cédé aux instances d'un adroit suborneur. Si la règle qui interdit, de la manière la plus absolue, la recherche de la paternité entraine quelquefois de graves abus, il faut reconnaître aussi qu'elle évite une foule de conflits et de contestations scandaleuses où la morale perdrait plus que la famille ne gagnerait.

La peine du fouet était encourue par l'homme qui, *dans sa maison*, avait séduit une esclave. La fille esclave qui n'avait pas résisté à ces séductions subissait la même peine que l'homme.

L'outrage public à la morale n'échappe pas à la vindicte de nos lois pénales ; mais, lorsque la subornation n'est pas accompagnée de violences, lorsque l'ordre social n'a pas été troublé, la loi ne sollicite aucune action et ne cherche pas à scruter les actes de la vie privée.

Nous ne suivrons pas, dans ses diverses applications, le grand principe de la loi de Moïse, *œil pour œil, dent pour dent*. Nous l'avons déjà dit, il se retrouve dans la législation des divers peuples de la Grèce ancienne. Les lois romaines l'avaient adopté en plusieurs cas.

Dans la réparation civile d'un délit, d'un fait dommageable, c'est toujours cette règle qui se reproduit sous des termes différents : « Celui qui » aura frappé une bête à mort, la rendra *vie* » *pour vie* » (chap. XXIV du Lévitique). N'est-ce pas ce principe d'éternelle justice qui a dicté ces dispositions de notre Code : « Les dommages- » intérêts dus au créancier sont, en général,

» de la perte qu'il a faite et du gain dont il a » été privé. »

Dans la loi romaine et dans nos lois françaises, comme dans la loi de Moïse, la réparation du fait dommageable est toujours de droit : « Tout » fait quelconque de l'homme qui cause à au- » trui un dommage, oblige celui par la faute » duquel il est arrivé, à le réparer. »

A côté de la réparation du dommage, il y a la réparation *au point de vue de la société.*

Prenons pour exemple le fait que la loi de Moïse donne comme une explication de la règle générale. Un homme frappe à mort un animal utile qui appartient à autrui. Voilà d'abord un préjudice matériel causé au propriétaire; mais la société en souffre dans une certaine mesure : le travail ne se fait pas, la richesse publique en est atteinte. Un tel fait, lorsqu'il est le résultat de la haine, de la méchanceté, ne se commet pas sans occasionner du désordre. La loi pénale doit donc intervenir. Aussi, dans ce même cas, les articles 453 et 454 du Code pénal punissent le coupable de la peine de l'emprisonnement plus ou moins long, suivant les circonstances au milieu desquelles le fait s'est accompli.

Ce sont les mêmes principes qui sont posés dans la loi des Hébreux ; seulement, comme le gouvernement du peuple d'Israël était essentiellement théocratique et rapportait tout à Dieu, l'offense résultant du délit était une injure à l'Eternel et devait être effacée non point par une amende dont la société profitât, mais par des oblations et des sacrifices à Dieu, tandis que le préjudice matériel devait être largement réparé. Cette règle générale s'applique à toutes sortes de délits et de crimes. Les versets 6, 7, 8 du chapitre V des Nombres nous en fournissent la preuve. C'est l'Eternel qui parle à Moïse : « Si un crime a été commis et que le coupable, » homme ou femme, soit trouvé, il devra : » 1° confesser le péché ; 2° offrir le bélier de » propitiation avec lequel on fera propitiation » pour lui ; 3° enfin, restituer la somme totale » de ce en quoi il aura été trouvé coupable en » y ajoutant un cinquième en sus au profit de » celui qui aura souffert du délit. »

On retrouve évidemment les mêmes dispositions dans : 1° l'amende honorable qui était prescrite par la législation criminelle antérieure à nos lois modernes et qui se faisait, le plus souvent, devant la principale porte de l'église ; 2° l'amende pour le délit ; 3° la réparation pécuniaire ou les dommages-intérêts.

S'il s'agissait du vol d'un bœuf, d'un agneau ou d'un chevreau et que le voleur eût tué ou vendu l'animal, il devait, d'après la loi des Hébreux, rendre cinq bœufs pour un, quatre agneaux pour un, quatre chevreaux pour un.

Chez les Romains, avant la loi *Porcia*, le voleur surpris en flagrant délit était battu de verges. Celui qui n'était découvert qu'après la consommation du crime n'était condamné qu'à rendre le double. Comment expliquer cette différence ? Il semble évident que le principe de cette disposition étrange tient aux institutions de Lacédémone. Les Romains formèrent leur théorie sur le vol d'après les lois de Lycurgue qui, dans le but de donner de l'adresse aux citoyens, favorisaient le vol s'il était fait adroitement. Les villes de Crète, au dire de Platon, avaient adopté des dispositions semblables et c'était, ajoute-t-il, pour que les hommes fussent plus propres à la guerre.

La loi Porcia supprima les coups de verges, mais conserva une différence dans la pénalité. Le voleur qui réussissait dans son entreprise et qui n'était découvert qu'après, ne rendait que le double. Celui qui était surpris avant qu'il n'eût caché l'objet volé, devait rendre le quadruple.

En terminant cette partie de notre travail qui occupe déjà, nous le craignons, une trop large place dans cette étude, nous devons dire quelques mots sur la chasse.

Un peuple qui avait pour mission de cultiver la terre assignée à ses pères, vivant presque toujours au milieu des champs, devait trouver, dans la chasse, à la fois un moyen de délivrer les récoltes de destructeurs avides et une ressource pour son alimentation.

Chasser et tuer les animaux nuisibles était parfaitement permis ; seulement, au point de vue de l'hygiène et à raison du climat, il était défendu aux Israélites de manger certaines espèces de gibier. Quant aux animaux qu'il était permis de manger, la loi veillait à ce que les espèces ne s'en perdissent pas. On trouve dans ces prescriptions les usages et les précautions adoptés par tous les peuples civilisés : « Quand » tu rencontreras dans un chemin, sur quelque » arbre ou sur la terre, un nid d'oiseau, ayant » des petits ou des œufs, et la mère couvant » des petits ou des œufs, tu ne prendras point » la mère avec les petits, tu ne manqueras » point de laisser aller la mère. » (Deut., XXII, 6, 7.)

IV.

DES CRIMES EMPORTANT UNE PEINE CORPORELLE.

Le respect pour la loi, l'obéissance aux chefs qui avaient autorité sur le peuple, étaient, dans la société israélite, comme dans toute nation fortement constituée, la condition fondamentale du pacte social. Aussi voyons-nous, dans la Bible, que la rébellion de Coré contre l'autorité de Moïse et d'Aaron fut punie des plus terribles châtiments. Ces hommes, qui avaient voulu renverser les conducteurs du peuple pour se mettre à leur place, furent d'abord avertis par Moïse. Il voulut leur faire comprendre qu'ils devaient rester dans la position où ils se trouvaient et se contenter de la place honorable qui leur avait été assignée. Moïse leur avait dit : « Est-ce trop peu de chose pour vous

» que le Dieu d'Israël vous ait séparés de l'as-
» semblée d'Israël en vous faisant approcher de
» lui pour être employés au service du pavillon
» de l'Eternel et pour assister devant l'assem-
» blée, afin de la servir? » (Nomb., XVI.)
Peu touchés de ces avertissements, Coré et ses complices persévérèrent dans leurs coupables projets; ils furent engloutis : « la terre ouvrit
» sa bouche et les engloutit avec leurs ten-
» tes, ainsi que tous les hommes qui étaient à
» Coré et tout leur bien. »

Ce terrible châtiment rappelait au peuple tout ce que Dieu avait fait pour sa délivrance et pour l'empêcher de s'unir aux rebelles.

Cet exemple n'arrêta point les séditieux. L'assemblée des enfants d'Israël murmura encore contre Moïse et Aaron. Ils étaient accusés de faire mourir le peuple, tandis que, obéissant aux ordres de Dieu, les chefs de ce peuple accomplissaient, au prix des plus grands sacrifices, l'œuvre de délivrance et d'affranchissement du joug étranger qui plaça les Israélites au rang des nations les plus policées des anciens temps.

Cette nouvelle sédition fut punie par la mort de quatorze mille sept cents hommes.

Cette histoire n'est-elle pas celle d'un grand nombre de peuples? L'homme ne veut pas ou ne sait pas chercher la main de Dieu et s'abaisser simplement sous cette main paternelle. Il veut diriger, à sa façon, sa destinée. Combien de fois cependant ses projets, s'ils se fussent réalisés, ne l'auraient-ils pas conduit à sa perte? Combien de fois, au contraire, les événements contre lesquels son orgueil, son ambition, son cœur naturel se révoltaient, n'ont-ils pas contribué à son bonheur! Nous le demandons, quel est l'homme qui, observant sérieusement sa vie, n'ait pas fait ces expériences? Combien de Corés dans l'histoire des peuples comme dans celle des familles!

Le blasphème du nom de l'Eternel était puni de la peine de mort, tant devait être grand le respect pour Jéhovah! « Tu aimeras le Seigneur ton Dieu de tout ton cœur, de toute » ton âme, de toute ta pensée. »

L'idée de Dieu devait être dégagée de tout élément grossier et charnel. Le second commandement de la loi défendait de faire des images de Dieu et des choses du ciel et de la terre pour les adorer.

La première loi du code Papyrien portait la même disposition. Plutarque affirme que Numa Pompilius en fut l'auteur. Voici en quels termes le jurisconsulte Terrasson qui, le premier, a inséré cette loi parmi celles du code Papyrien, nous la rapporte dans son *Histoire de la Jurisprudence romaine* :

« On ne fera aucune statue ni aucune image » de quelque forme que ce puisse être pour re- » présenter la Divinité et ce sera un crime de » croire que Dieu eût la figure soit d'une bête, » soit d'un homme. »

Qui ne saisirait le rapport qui existe entre cette loi et celle de Moïse !

L'autorité de Plutarque est d'un grand poids. Historien honnête, consciencieux autant que judicieux et savant, Plutarque a tous les caractères d'une autorité sérieuse. Voici textuellement le passage. « Hic (Numa Pompilius) vetuit Romanis » hominis vel bestiæ formam tribuere Deo, ne- » que fuit ulla apud eos antea vel picta vel ficta » imago Dei. » (Plutarque, *Vie de Numa Pompilius*, traduction latine imprimée en 1599 à Francfort, texte grec à côté, tome Ier, page 65).

Cette prohibition de représenter la Divinité sous une forme humaine paraît, ajoute Terrasson, « avoir été puisée dans la religion des » Juifs dont il n'est pas impossible que Numa » et Pythagore aient eu connaissance. »

Numa Pompilius était originaire d'Etrurie, pays où la religion et les mœurs avaient quelque chose de grave et de sérieux qui s'accorde bien avec l'idée d'un Dieu tellement grand, tellement élevé au-dessus de l'humanité qu'aucune forme humaine ne pourrait le représenter. Des savants, aussi recommandables par leur conscience droite et scrupuleuse que par leurs connaissances, affirment que l'écriture des Etrusques, qui allait de droite à gauche, a des rapports avec les langues sémitiques bien plus qu'avec le grec. Les statues antiques trouvées récemment sur le sol de l'ancienne Etrurie présentent une analogie frappante avec celles qui nous restent de l'ancien Orient, en sorte que tout semble confirmer cette assertion de Sénèque : « *Tuscos Asia sibi vindicat.* » Numa et Pythagore auraient bien pu, comme le dit l'auteur de la *Jurisprudence romaine*, recevoir de l'Orient cette doctrine de l'adoration en esprit d'un Dieu invisible qu'aucune figure terrestre ne peut représenter.

Pendant les soixante et dix années qui suivirent la promulgation de la loi attribuée à Numa, on ne vit à Rome ni images, ni statues représentant la Divinité. C'est encore à Plutarque (*loco jam citato*) que nous empruntons cette remarquable affirmation ; il la fait suivre de ce commentaire on ne peut plus clair : « Nefas » putantes angustiora exprimere humilioribus, » neque aspirari aliter ad Deum quàm mente » posse. » N'est-ce pas manifestement la doctrine de Moïse, la foi du peuple d'Israël lorsqu'il observe avec fidélité la loi de Dieu ?

Numa, que les données historiques les plus accréditées permettent de considérer comme un roi philosophe et sincèrement pieux, avait, sans doute, l'intention de combattre ces superstitions grossières que les Egyptiens avaient mises en honneur et que le peuple hébreu avait été si souvent tenté de reproduire au désert.

Dans son *Dictionnaire philosophique*, Voltaire fait dire à Numa : « Je défendis qu'il y eût » dans les temples aucun simulacre, parce que » la Divinité qui anime la nature ne peut être » représentée » (Verbo : *Religion*).

Il est difficile de maintenir dans le peuple cette simplicité de culte, cette adoration en esprit d'un Dieu caché qu'aucune image ne doit représenter. Les successeurs de Numa n'y réussirent pas. Aussi, lorsque le christianisme pénétra dans l'empire romain, vit-on bientôt les images du vrai Dieu confondues avec les idoles, en sorte que, comme le dit un éminent jurisconsulte, *Jésus-Christ semblait seulement avoir été mis au rang des dieux*.

Les images de la Divinité doivent avoir pour conséquence nécessaire de matérialiser l'idée religieuse. Sans doute, les esprits élevés ne descendent pas jusqu'à l'adoration de la matière, mais le peuple qui a toujours les mêmes tendances, demande, comme autrefois le peuple hébreu, *qu'on lui fasse des dieux qui marchent devant lui.*

Ce commandement de ne point faire d'images représentant la Divinité qui se trouve dans le Décalogue et aussi, selon Plutarque, dans les premières lois de Rome, a été supprimé dans les commandements généralement adoptés par l'Eglise catholique romaine. Cette suppression s'explique parfaitement si l'on se reporte à la lutte qui se prolongea, durant des siècles, entre le paganisme expirant et le christianisme. Il y eut des concessions réciproques et, les images de Jésus-Christ étant une fois admises dans les temples, on recula devant la consécration d'une loi qui prohibait absolument les images de la Divinité, loi qui, après tout, a-t-on dû dire, appartenait à l'ancienne alliance et ne se retrouvait pas dans les livres du Nouveau Testament.

On sait à quelles guerres acharnées l'admission ou l'exclusion des statues et des images dans les Eglises chrétiennes a donné lieu. Les Eglises protestantes réformées ont rétabli le commandement du Décalogue qui se lit dans les principales cérémonies du culte et ont proscrit de leurs temples les images, de crainte que ces figures ne conduisissent insensiblement les masses à une adoration qui les éloignât du *culte en esprit et en vérité.*

Hérodote et Xénophon signalent, dans le culte des Persans, l'absence d'images et de statues représentant la Divinité et l'horreur qu'inspirait à ce peuple les représentations du Dieu invisible. « La religion de la lumière, dit quelque » part M. Eugène Bersier, réfléchit, bien qu'im- » parfaitement, les traits spirituels de celle des » Hébreux. »

Le jour du sabbat, consacré au repos et au culte de l'Eternel, devait être observé sous peine de lapidation. Celui qui se permettait de ramasser du bois, le jour du sabbat, tombait sous le coup de cette loi. Toute l'économie de la loi de Moïse reposait sur cette double base : l'amour de Dieu, le respect pour sa loi. Il fallait que ces principes fussent consacrés par une forte sanction pénale, afin que le peuple ne s'en écartât point. Qu'Israël abandonnât l'Eternel pour retournel à Bahal, que le culte du vrai Dieu fût méprisé, ses autels délaissés, et la loi perdait aussitôt sa force et sa valeur, le peuple retombait dans l'idolâtrie quant au culte et dans une complète licence quant aux mœurs.

Le chapitre XXe du Lévitique punit de mort par la lapidation ceux qui auront détourné leur postérité du culte du vrai Dieu, ceux qui auront affligé la famille soit par des malédictions, de la part du fils vis-à-vis de son père ou de sa mère, soit par l'adultère, soit par des rapports incestueux. La souillure de l'homme avec une bête était aussi punie de la même peine.

L'Israélite qui prenait une femme et la mère de cette femme commettait une *énormité.* Il ne devait pas rester de trace d'une telle infâmie. Les femmes et l'homme coupables d'un tel crime devaient être, tous ensemble, consumés par le feu.

L'enlèvement et le trafic d'un Israélite emportaient contre le ravisseur la peine de mort.

Celui qui faisait métier de pronostiquer était aussi puni de mort. Il était de l'essence d'une législation qui rapportait tout à Dieu de prohiber des superstitions tendant à enlever à l'Eternel une partie de sa prescience et de sa souveraine puissance. « Vous n'aurez point de divi- » nations et vous ne pronostiquerez point le » temps » est-il écrit au chapitre XIXe du Lévitique. « Ne vous détournez point auprès de » ceux qui ont l'esprit de Python, est-il dit plus » loin, ni après les devins; ne cherchez point » à vous souiller par eux; je suis l'Eternel votre » Dieu. » Si ces peines étaient terribles, n'oublions pas que ces crimes étaient la plus grave atteinte qu'on pût porter à la puissance de Dieu.

« Tu ne laisseras point vivre la sorcière. » (Exode, XXII).

« Quiconque fait ces choses, ajoute le Deu-
» téronome, au chapitre XVIIIe, est en abomi-
» nation à l'Eternel. »

C'est principalement à cause de ces *abominations* que l'Eternel chasse les nations des pays que les Israélites vont posséder.

Par les lois des Douze Tables, celui qui se servait de paroles magiques pour nuire à quelqu'un était puni de mort.

Nous venons de voir que la loi de Moïse punissait la sorcellerie comme outrageant la majesté de Dieu. C'est toujours le même principe qui se retrouve dans tout le pacte fondamental des Hébreux.

Nos lois pénales, de même que les lois de Moïse et les lois des Douze Tables, punissent aussi la sorcellerie, mais c'est au nom de l'ordre social. Les articles 479 et 480 du Code pénal punissent d'une amende et même, suivant les circonstances, de l'emprisonnement « les gens
» qui font métier de deviner et pronostiquer,
» ou d'expliquer les songes. » Nos anciennes coutumes, empruntant à la loi de Moïse sa sévérité, punissaient, presque toutes, la sorcellerie de la peine de mort par le feu.

Une simple méchanceté, un acte de colère

sans trop de gravité, entraînaient la peine du fouet. Le coupable était jeté par terre et frappé devant le juge d'un certain nombre de coups, suivant l'importance de la faute. Le maximum de la peine était de *quarante* coups, « de peur » que, si l'on continuait à le battre au delà de » quarante coups, la plaie ne fût excessive. »

Le meurtre involontaire était, comme nous l'avons déjà dit, rangé dans la classe des fautes sans intention. Les parents de la victime avaient le droit de venger sa mort. Moïse établit primitivement trois villes appelées *de refuge* pour servir d'asile à celui qui avait involontairement donné la mort à autrui, et il fut promis au peuple de lui accorder encore trois autres villes de refuge si les limites du territoire venaient à s'étendre. Là, celui qui avait, sans dessein, commis un meurtre, était en sûreté. Mais si un meurtrier volontaire et par conséquent criminel venait à se réfugier dans l'une de ces villes, les anciens du lieu devaient s'empresser de le livrer à celui qui avait le droit de venger le sang de la victime, *afin que le coupable ne pût échapper à la punition*. Aucune rançon ne pouvait être acceptée pour délivrer le coupable d'un meurtre volontaire ou pour lui permettre de fuir vers une ville de refuge.

« Les lois de Moïse furent très-sages, dit Mon-

» tesquieu ; les homicides involontaires étaient » innocents, mais ils devaient être ôtés de devant les yeux des parents du mort. » Moïse ne voulut pas donner asile au meurtrier involontaire dans le temple ; il aurait pu troubler l'adoration. Il ne voulut pas non plus l'exiler hors du pays, de crainte qu'il ne se vouât au culte des dieux du paganisme.

Les Grecs accordèrent le droit d'asile dans les temples au meurtrier involontaire, mais ils finirent par aller trop loin : ils admirent au droit d'asile même les grands criminels. Tacite blâme cet usage qui semblait protéger les crimes des hommes autant que les cérémonies du culte.

Les lieux de refuge, asiles inviolables, sanctuaires, existaient encore, au moyen âge, chez divers peuples. Quelques auteurs ont même soutenu que leur institution ne remonte pas plus haut que cette époque. Il nous paraît évident que les Eglises chrétiennes empruntèrent à la législation des Hébreux le droit de refuge. En organisant l'abbaye de la Bataille, Guillaume le Conquérant voulut que l'abbé eût le droit de faire grâce à tout condamné et que cette abbaye fût un lieu de refuge.

Dans des *Notes et recherches archéologiques* publiées en Angleterre, il est fait mention du siége de refuge d'Hexam, qu'on conserve dans ce lieu comme un curieux monument archéologique. On l'appelle *Freedstol* ou *Fred-Stool*, ce qui signifie *siége de paix*. Un siége semblable existait dans le monastère de Beverley. On y lisait l'inscription suivante : « *Hæc sedes lapidea* » *Freedstoll dicitur, id est pacis cathedra ad quam* » *reus, fugiendo perveniens, omnimodo habet* » *securitatem.* »

D'après les lois de Dracon, chaque citoyen avait le droit de tuer le meurtrier volontaire.

Ici se présente encore une occasion de faire remarquer un rapport entre la loi de Moïse et le code Papyrien. Voici ce que porte la loi XVII : « Quiconque aura tué un homme de guet-apens » sera puni de mort comme un homicide; mais » s'il ne l'a tué que par hasard et par impru- » dence, il en sera quitte pour immoler un bé- » lier par forme d'expiation. » C'était aussi, on se le rappelle, par un sacrifice expiatoire que la faute involontaire était punie dans la loi de Moïse.

Les peines corporelles, qui consistaient, chez le peuple hébreu, en la mort par la lapidation et par le feu, en l'application du fouet jusqu'au maximum de quarante coups, ont été remplacées par la potence, le billot, l'estrapade, la marque, la rupture des membres. Ces peines furent en vigueur jusqu'à l'invention de la guillotine, seul mode d'exécution à mort autorisé par nos lois pénales modernes pour les criminels non enrôlés sous les drapeaux.

Le *retranchement du peuple* était considéré par les Hébreux comme une peine très-grave. Celui qui l'encourait perdait tous les droits que la loi accordait à l'Israélite. Ses biens lui étaient enlevés; il était inhabile à succéder. Cette privation de droits équivalait à peu près à ce que nos lois françaises appellent *la mort civile.*

V.

INSTRUCTION, JUGEMENT, EXÉCUTION.

Il fut recommandé au peuple d'Israël de s'empresser, dès qu'il serait en possession du pays que Dieu voulait lui donner, d'établir des juges et des prévôts dans chaque ville.

La loi XV du code Papyrien prescrivait au peuple romain de se choisir des magistrats.

Les juges des Hébreux devaient juger avec équité, sans jamais se laisser corrompre par des présents.

Platon voulait que ceux qui recevaient des présents pour faire leur devoir fussent punis de mort. « Il n'en faut prendre, disait-il, ni pour » les choses bonnes, ni pour les choses mau- » vaises. »

Les présents, dit avec une profonde sagesse

et une admirable simplicité la loi de Moïse, *les présents aveuglent les plus éclairés.*

Le juge devait former son opinion à l'aide de ses propres réflexions; il ne devait pas *se tourner du côté des autres* pour connaître leur avis. Cette règle fut empruntée à la législation mosaïque par les lois grecques et romaines. Chaque juge devait donner son opinion sans communiquer avec les autres. C'est, dit Montesquieu, *parce que le peuple jugeait ou était censé juger.*

Tout Israélite avait le droit de conduire devant l'assemblée du peuple un homme qui s'était rendu coupable d'un crime. Ce principe tenait à la constitution même du peuple hébreu. Le crime souillait tout le peuple, qui se sentait solidaire de la faute d'un seul; Israël devait se conserver pur.

Dans les villes grecques et à Rome, il en était ainsi. Tout citoyen pouvait se porter accusateur et appeler l'accusé devant les juges chargés de la répression. Le citoyen agit, dans ce cas, au nom et pour l'honneur de la patrie; aussi ce principe est-il admis dans toutes les républiques.

L'assemblée du peuple prononçait sur les crimes. Cet usage de faire prononcer les simples citoyens dans le jugement des causes criminelles importantes s'est maintenu chez tous les peuples civilisés. Il existait à Athènes, à Rome; il existait dans plusieurs de nos anciennes coutumes de France. Les citoyens, appelés à faire partie des cours d'assises, dans notre droit pénal moderne, ne prononcent pas la peine; ils déclarent seulement, par suite de l'appréciation des faits, si l'accusé est ou n'est pas coupable, et se prononcent aussi sur les circonstances qui ont accompagné le crime et qui peuvent l'aggraver ou l'atténuer. C'est le juge qui applique à la déclaration de culpabilité la peine édictée par la loi.

L'assemblée du peuple d'Israël devait rechercher avec soin tous les faits qui se rattachaient au crime. Un seul témoin n'était pas suffisant pour déterminer une condamnation, surtout lorsqu'il s'agissait d'un crime emportant la peine de mort. Il fallait deux ou trois témoins. Tout le monde sait que ce principe s'était conservé dans le droit ancien sous cette rubrique : *Testis unus, testis nullus.*

L'auteur de l'*Esprit des lois* appelle fatales à la liberté les lois qui font périr un homme sur la déposition d'un seul témoin. « Un témoin » qui affirme et un accusé qui nie font un par- » tage, et il faut un tiers pour le vider. »

Les lois modernes laissent à la conscience du juge le soin d'apprécier la valeur du témoignage.

Un seul témoin prouve quelquefois plus que deux, cela dépend non-seulement du degré de confiance qu'il inspire, mais des circonstances dans lesquelles il s'est trouvé placé, de l'accord qui existe entre sa déclaration et les présomptions que font naître soit les explications des parties elles-mêmes, soit l'examen du théâtre du crime, en un mot d'une foule de motifs qui entraînent et fixent la conviction du juge.

Les plus grandes précautions étaient prescrites pour assurer la bonne administration de la justice. Le prévenu jouissait du droit de se défendre et était toujours écouté; les juges eux-mêmes l'aidaient à fournir les explications nécessaires à sa défense. Jusqu'au moment de l'exécution de la sentence, les juges pouvaient demander à délibérer de nouveau.

L'instruction et le jugement qui précédèrent la mort de Jésus-Christ ont donné lieu à une intéressante discussion entre deux hommes aussi éminents par leur science que distingués par la noblesse de leurs sentiments, MM. Salvador et Dupin aîné.

M. Salvador, dans un remarquable ouvrage sur *les Institutions de Moïse et les règles générales de l'administration de la justice criminelle chez les Hébreux*, examinant le procès de Jésus-Christ, soutient que la procédure a été parfaitement régulière et la condamnation parfaitement juste. Jésus-Christ, selon M. Salvador, avait usurpé le nom de Dieu, la loi sur le blasphème lui a donc été justement appliquée. Cette appréciation ne doit pas être du goût des rationalistes modernes qui, forcés de reconnaître en Jésus-Christ le plus grand de tous les sages et ne voulant pas le surprendre en flagrant délit de mensonge, prétendent que Jésus n'a jamais affirmé lui-même sa pleine divinité. M. Salvador établit que c'est précisément à cause du crime de blasphème, parce que Jésus avait pris le nom de *Dieu*, que la peine capitale lui a été appliquée.

Voilà, pour le dire en passant, voilà bien nettement posé le dilemme qu'on n'a jamais réfuté : ou Jésus est, comme il le dit lui-même, *un avec le Père*, et alors sa pleine divinité ne peut être contestée, ou Jésus, en affirmant sa divinité, cherche à tromper le peuple, et alors ce n'est plus un sage, ce n'est plus celui que doivent suivre *des siècles d'adorateurs*.

Les moyens termes ne peuvent raisonnablement se soutenir : ou Jésus est Dieu, ou c'est un imposteur, et, dans ce dernier cas, pourquoi lui consacrer des temples et prêcher sa doctrine? J'aime mieux Socrate ou Platon que ce sage qui prétend, jusqu'au moment de sa mort, disposer du royaume des cieux.

Dans une brochure intitulée *Jésus devant Caïphe et Ponce-Pilate*, M. Dupin aîné examine avec soin les pièces du jugement de Jésus, et combat très-victorieusement, selon nous, les arguments de M. Salvador en ce qui concerne la régularité de l'instruction. Les Juifs cherchent à perdre Jésus; ils lui adressent des questions captieuses; ils traitent avec Judas; ils arrêtent Jésus pendant la nuit, et le conduisent, non pas chez le juge, mais chez Anne, beau-père du grand prêtre; ils se moquent de lui, le frappent, excitent les passions populaires.

Caïphe, celui-là même qui a déjà dit que la mort de Jésus était utile, va instruire ce procès. Quel juge impartial! Jésus, aux questions que lui adresse Caïphe sur sa doctrine, sur ses disciples, se contente de répondre qu'il n'a pas parlé en secret, et de demander qu'on interroge des témoins. Caïphe s'efforce de le surprendre, et enfin, — ce qui n'était pas permis chez les Juifs, — il déclare qu'*il n'est pas besoin de témoins*, puisque Jésus s'est dit lui-même Fils de Dieu. Est-ce là l'instruction sérieuse et grave à laquelle se livraient ordinairement les Hébreux?

Les Juifs étaient, à cette époque, un peuple conquis, sous la dépendance du gouvernement romain; or le droit de vie et de mort fut, de tous les temps, à Rome comme ailleurs, l'attribut de la souveraineté. Voilà pourquoi, sachant, comme ils le dirent eux-mêmes, qu'*il ne leur était permis de faire mourir personne*, les Juifs demandèrent à Pilate, gouverneur romain, de condamner Jésus.

Pilate aurait voulu se dégager de cette terrible responsabilité. Les accusateurs de Jésus comprennent bien vite qu'ils n'obtiendront pas de condamnation capitale, s'ils persistent à soutenir que Jésus n'a fait que violer leurs lois et leurs traditions. Pilate le leur a fait suffisamment entendre en déclarant qu'il ne trouve rien qui puisse motiver une condamnation. C'est alors que les Juifs, eux qui supportent si impatiemment le joug des Romains, changent tout à coup de système, et d'une accusation de sacrilége, de blasphème, dont Pilate paraissait se moquer, font une accusation politique, un crime d'Etat. C'est ici, dit avec sa haute raison M. Dupin aîné, c'est ici *le nœud de la passion*. Voilà les Juifs qui se préoccupent des intérêts de l'empire romain. *Il* a voulu se faire *roi des Juifs : or nous n'avons pas d'autre roi que César*. Jésus déclare, avec ce calme et cette sérénité admirables qui ét.nnent Pilate, que *son règne n'est pas de ce monde*; mais la multitude est excitée, les passions populaires sont déchaînées.

Pilate, placé entre sa conscience et cette pression de la multitude qu'il ne veut pas irriter, — *voulant contenter le peuple*, dit l'évangéliste saint Marc, — craignant d'ailleurs de se compromettre en présence de la nouvelle accusation de crime d'Etat imaginée contre l'accusé, Pilate finit par céder et livre, à regret, Jésus pour le crucifier.

Nous avons vu avec quelles précautions les juges hébreux devaient procéder au jugement des questions capitales; évidemment ici, toutes les règles ordinaires ont été sacrifiées : c'est un coup de parti habilement frappé; ce n'est pas la décision de juges sérieux, réfléchis, indépendants.

Comme garantie morale de la sincérité des témoins, la loi mosaïque exigeait qu'ils fussent les premiers à mettre la main sur le condamné. Les témoins devaient *jeter la première pierre.* Cette prescription et la pensée qui l'a dictée sont éminemment remarquables et font honneur au peuple qui a reçu cette loi. Le législateur pensait que l'idée de frapper le premier ferait impression sur le témoin, rendrait sa déposition plus sincère et plus sérieuse, et arrêterait souvent le parjure. Voilà certes une grande et noble pensée. C'est à ce sentiment de la responsabilité morale devant Dieu et devant la conscience que Jésus-Christ faisait appel lorsqu'il disait à ceux qui avaient conduit devant lui la femme adultère : « que celui de vous qui est » sans péché jette la première pierre contre » elle ! »

Si l'affaire à juger présentait de trop grandes difficultés, s'il y avait, comme le dit la loi de Moïse elle-même, *meurtre et meurtre*, *cause et cause*, *plaie et plaie*, si la solution à donner ne se présentait pas clairement, si enfin il y avait *procès dans les portes d'Israël*, l'assemblée devait monter vers les sacrificateurs de la race de Lévi. « Il n'est pas mal, dit Montesquieu, que, » dans les cas douteux, les juges consultent » les ministres de la religion. » Les sacrificateurs de la race de Lévi réunis au juge établi dans le pays où le crime avait été commis, après avoir entendu l'assemblée et l'accusé, *devaient déclarer ce que porte le droit.*

Cette décision était souveraine et il ne restait plus qu'à exécuter à la lettre ce qui avait été déclaré.

Les témoins commençaient à tirer des pierres sur le condamné ou à le frapper du fouet selon la condamnation qu'il avait encourue; le peuple frappait ensuite.

Telle était la loi, telles étaient les institutions de Moïse, quelquefois sévères, dures même, il faut en convenir, toutes les fois qu'il s'agissait de conserver la base du pacte social, mais pleines d'humanité en ce qui concerne les êtres les plus dignes d'intérêt, le pauvre, la veuve et l'orphelin.

Solon voulut donner aux Athéniens *les meilleures lois qu'ils pussent suivre* (Plutarque, *Vie de Solon*, XXXIII). Moïse, au nom du Dieu des Israélites, donna à ce peuple toujours prêt à retourner à l'idolâtrie et à rejeter *les sabbats de l'Eternel*, *des statuts qui n'étaient pas bons*, et *des ordonnances par lesquelles ils ne vivraient point* (Ezéchiel, XX, 25). Ce n'était donc pas la perfection des lois civiles et pénales que recherchait Moïse, mais bien la meilleure législation qui pût convenir à ce peuple eu égard à ses mœurs et à son caractère national.

Ces lois reçurent ensuite des développements, des modifications, soit dans les peines à infliger aux coupables, soit dans la constitution des assemblées chargées de prononcer les jugements, mais ce sont là des détails d'application pratique : les principes ne changèrent pas.

FIN.

TABLE DES MATIÈRES.

3me PARTIE. — **Lois pénales.**

SE TROUVE :

A TOULOUSE,

Chez LAGARDE, libraire, rue des Balances, 35.

A PARIS,

Chez Ch. MEYRUEIS et Ce, rue Rivoli, 174;
Chez J. CHERBULIEZ, libraire, rue de la Monnaie, 10;
Chez GRASSART, lib., rue de la Paix, 3, et rue St-Arnaud, 4;
Chez R. SCHULTZ, rue Royale-Saint-Honoré, 25.

A LYON,

Chez DENIS fils, rue Impériale, 12.

A GENÈVE,

Chez Emile BEROUD, libraire.

A LAUSANNE,

Chez DELAFONTAINE et Ce, libraires;
Chez MEYER, libraire.

A NEUCHATEL,

Chez Samuel DELACHAUX, libraire, successeur de J.-P. Michaud.

A BRUXELLES,

A la LIBRAIRIE CHRÉTIENNE ÉVANGÉLIQUE, rue de l'Impératrice, 33.

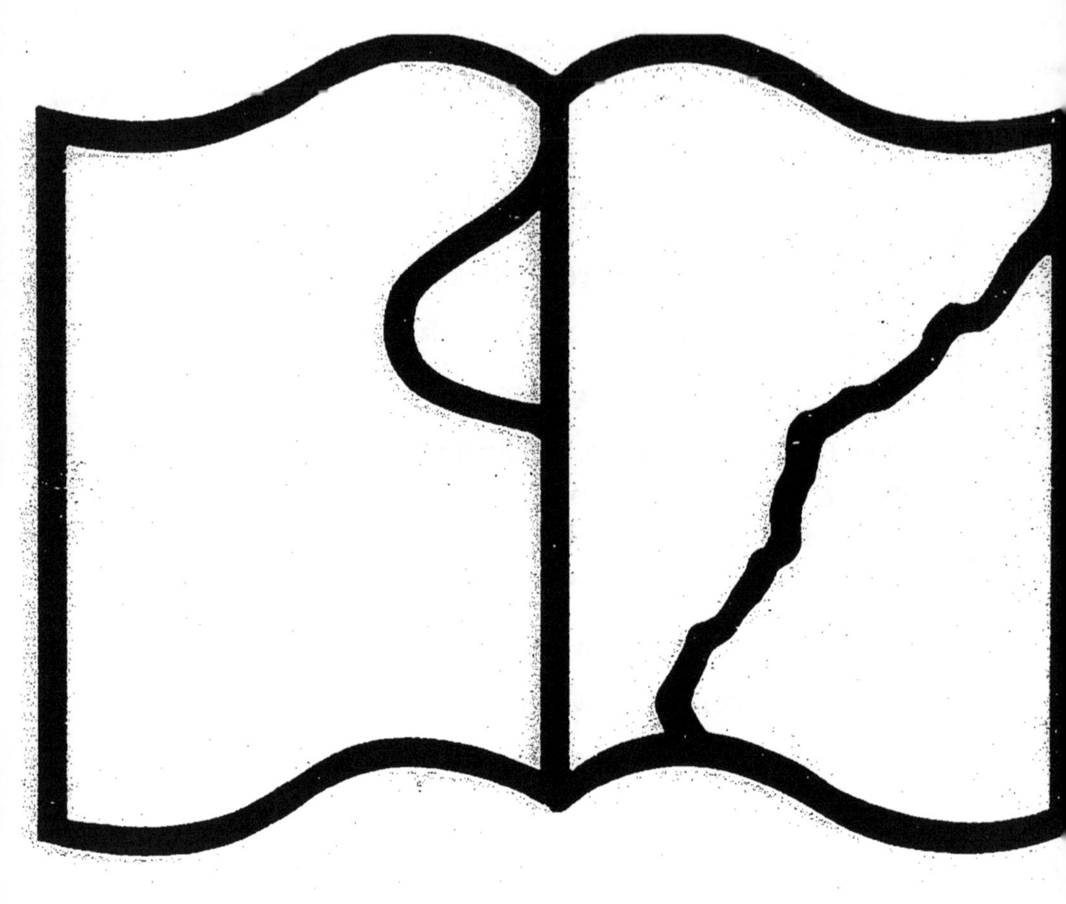

Texte détérioré — reliure défectueuse

NF Z 43-120-11

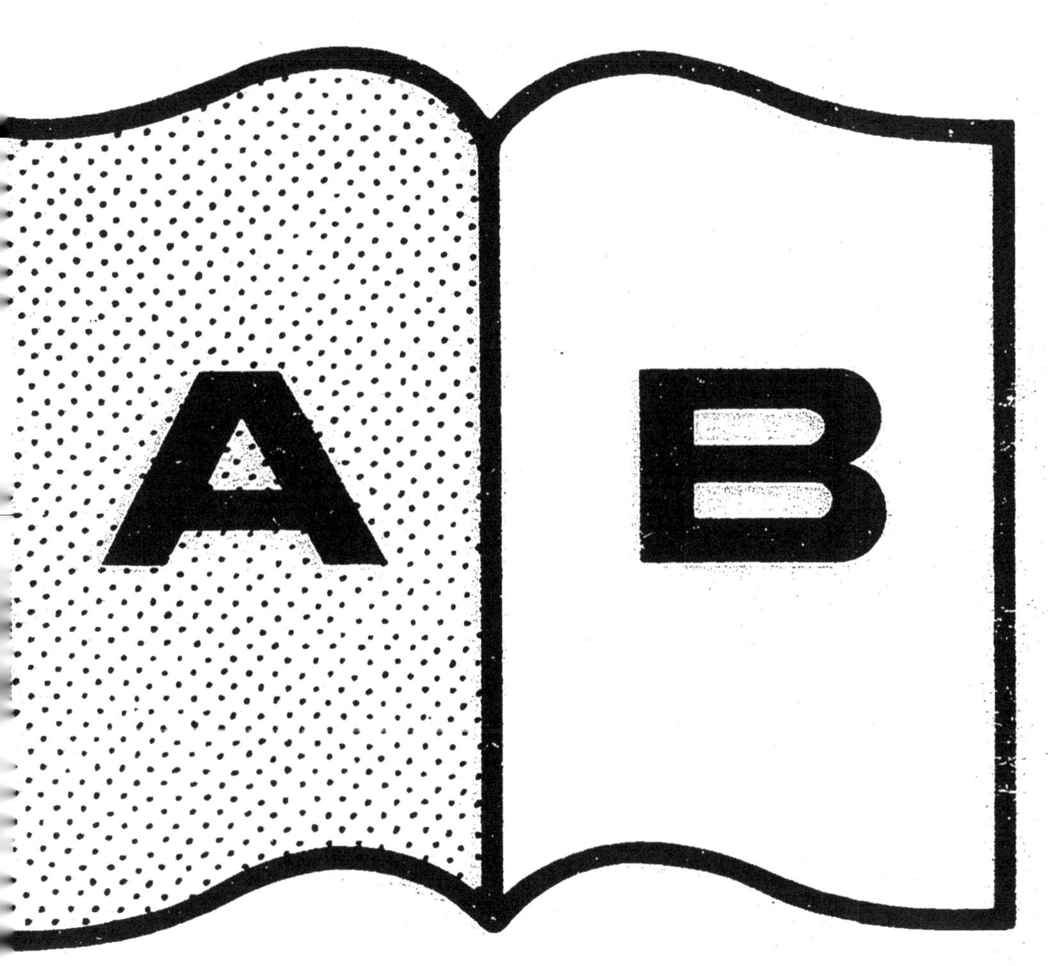

Contraste insuffisant

www.ingramcontent.com/pod-product-compliance
Ingram Content Group UK Ltd.
Pitfield, Milton Keynes, MK11 3LW, UK
UKHW022103190726
13855UKWH00002B/614